Nähen fürs Nestchen

Nähen fürs Nestchen

-Niedliche Projekte fürs Babyzimmer-

EMF

EIN BUCH DER EDITION MICHAEL FISCHER

Elke Reith

Inhalt

Wärmekissen, S. 40

Krabbeldecke, S. 36

Kuschelkatze, S. 60

GRUNDLAGEN

Pompon anfertigen

1. Schneide ein Stück Pappe in der Breite der gewünschten Pompongröße zurecht und schneide ein Fenster hinein. Wickle das Garn vielfach um die Pappe.

2. Knote einen Faden des verwendeten Garns mittig um die Wickelung.

3. Schneide die Schlaufen zu beiden Seiten mit einer Schere auf.

4. Lockere zum Schluss die Fäden auf und schneide den Pompon in Form.

Quaste anfertigen

1

2

3

4

1. Schneide ein Stück Pappe in der Breite der gewünschten Länge der Quaste zurecht und wickle das Garn vielfach drumherum.

2. Knote einen Faden des verwendeten Garns mittig um die Wickelung.

3. Entferne den Karton und schneide die Wickelungen unten sauber und gleichmäßig auf.

4. Binde die Quaste oben mit einem Faden ab.

Applikationen

1. Verstärke zunächst das Stoffteil, auf das das Motiv appliziert wird, von links mit einer Bügeleinlage.

2. Schneide das gewünschte Motiv aus Stoff und aus Einlage zu und bügle diese von links auf.

3. Stecke das Motiv an die gewünschte Stelle und nähe es zunächst ringsum mit Steppstich fest.

4. Stelle einen engen Zickzackstich ein und nähe das Motiv ringsum gleichmäßig auf. Lass die Nadel im Stoff stecken, wenn du an eine Ecke gelangst, hebe das Nähfüßchen an und drehe das Motiv in die gewünschte Richtung. Sichere die Naht mit einigen Rückstichen, wenn du das Motiv umrundet hast.

Handstiche

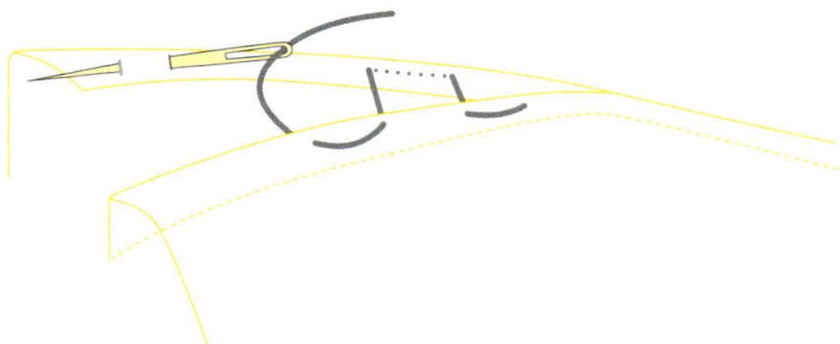

Matratzenstich

Den Faden doppelt nehmen und den Knoten innen in der Bruchkante sichern. Dann ausstechen, ca. 0,5 cm durch die Bruchkante führen und gegenüber wieder einstechen usw. Wiederholen, bis die Naht geschlossen ist.

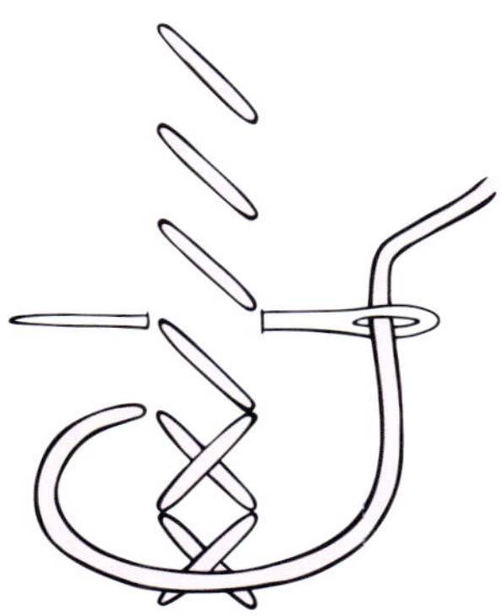

Kreuzstich

Links unten ausstechen, die Nadel quer nach rechts oben wieder einstechen. Unten rechts wieder ausstechen und oben links einstechen.

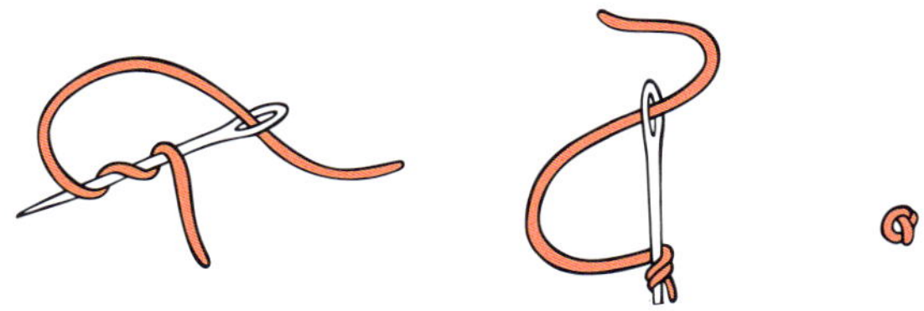

Knötchenstich

Von hinten nach vorn ausstechen und den Faden beliebig oft um die Nadel wickeln. An der Austrittsstelle wieder einstechen und Knötchen festziehen.

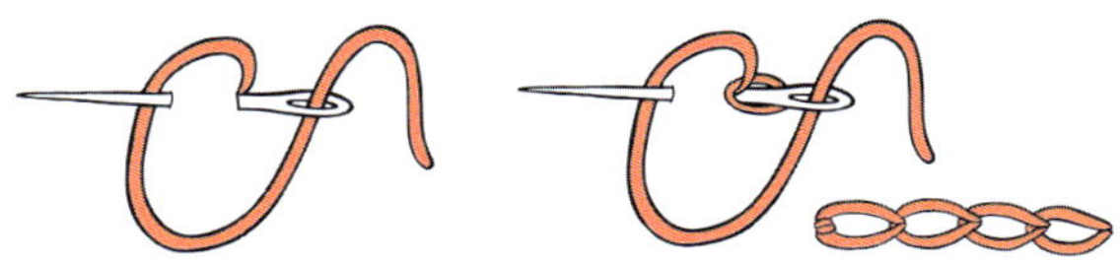

Kettenstich

Vorn ausstechen und wieder in die Austrittsstelle einstechen, dabei eine Schlaufe liegen lassen. Wieder nach vorn ausstechen und die Schlaufe sichern. Beliebig oft wiederholen.

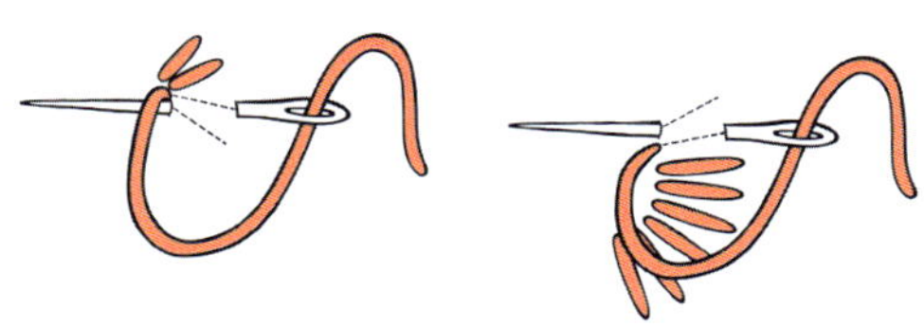

Spannstich

Vorn ausstechen und in der gewünschten Stichlänge wieder einstechen. Den Stich in einigem Abstand wiederholen. Darauf achten, dass die Stiche nicht zu lang werden.

PROJEKTE

Babynestchen

Geborgen und sicher – in diesem kuscheligen Nestchen fühlen sich Babys sichtlich wohl.

Größe

- 80 x 45 cm

Material

- 1 m Baumwollwebstoff, bedruckt mit grafischem Muster in Blau-Natur
- 1 m Musselin in Gelb
- 3 m Schrägband in Gelb mit weißen Punkten
- 70 cm Volumenvlies (1 cm dick)
- Füllwatte
- ca. 3 m Kordel
- Strickgarn in Blau für Pompons
- passendes Nähgarn

Die Stoffmengenangaben beziehen sich auf eine Stoffbreite von 140 cm, beim Volumenvlies auf eine Breite von 150 cm.

Nähmaschinenstiche

- Geradstich

Zuschnitt (Schnittmusterbogen 2)

AUS BAUMWOLLWEBSTOFF (OBERSTOFF)

1x Babynestchen (Teil 1 und 2 zusammenkleben)

AUS MUSSELIN (FUTTERSTOFF)

1x Babynestchen (Teil 1 und 2 zusammenkleben)

AUS VOLUMENVLIES

3x Bodenteil

An allen Kanten 1 cm Nahtzugabe hinzufügen.

just
the way
YOU ARE

So geht's

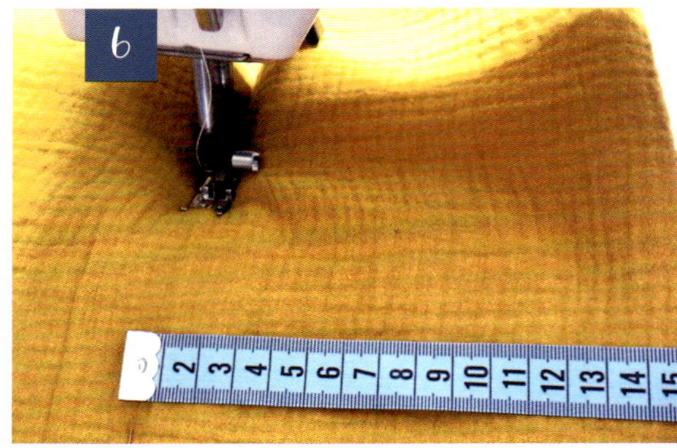

1. Lege die beiden Teile aus Baumwollstoff und Musselin rechts auf rechts aufeinander, stecke sie zusammen. Nähe sie mit Geradstich 1 cm von der Stoffkante entfernt zusammen, und zwar von der vorderen Mitte des Wandzipfels außen herum bis zur anderen oberen Ecke, wie im Schnittmuster eingezeichnet; die Innenkanten der Wandzipfel und die Bodenkante des Nestchens bleiben erst mal offen.

2. Schneide die Nahtzugaben ein: An den nach außen gerichteten Rundungen schneidest du kleine Dreiecke in die Nahtzugabe, am ersten und letzten Stich setzt du einen Schnitt bis kurz vor die Naht. Dann bügle die Nahtzugaben auseinander.

3. Wende das Nestchen durch die Wendeöffnung. Drücke alle Rundungen und die Zipfel sorgfältig heraus, bis die Naht ganz außen liegt, und bügle den Stoff.

4. Schneide das Schrägband 4 cm länger als die Außenrundung des Nestchens (von Anfang bis Ende der bereits gesetzten Naht) zu. Klappe den Mittelfalz des Schrägbands auf, die Kanten bleiben eingeschlagen. Falte beide Enden um 2 cm nach innen ein. Nun steckst du das Schrägband an der Außenkante rund um das Babynestchen fest, sodass je eine Hälfte auf dem gelben und eine auf dem blauen Stoff liegt. Ziehe die Stoffe auseinander, damit du jede der beiden Kanten des Schrägbands einzeln knappkantig annähen kannst. So entsteht ein Tunnel am Rand.

5. Schiebe nun die drei Lagen Vlies durch die Öffnung in das Babynestchen und streiche sie glatt. Fixiere sie, indem du 15 cm von der Außenkante des Nestchens entfernt einmal außen herum steppst. Damit teilst du gleichzeitig die Wände des Nestchens vom Boden ab. Nähe dabei langsam, deine Nähmaschine hat viele dicke Lagen Stoff zu bewältigen.

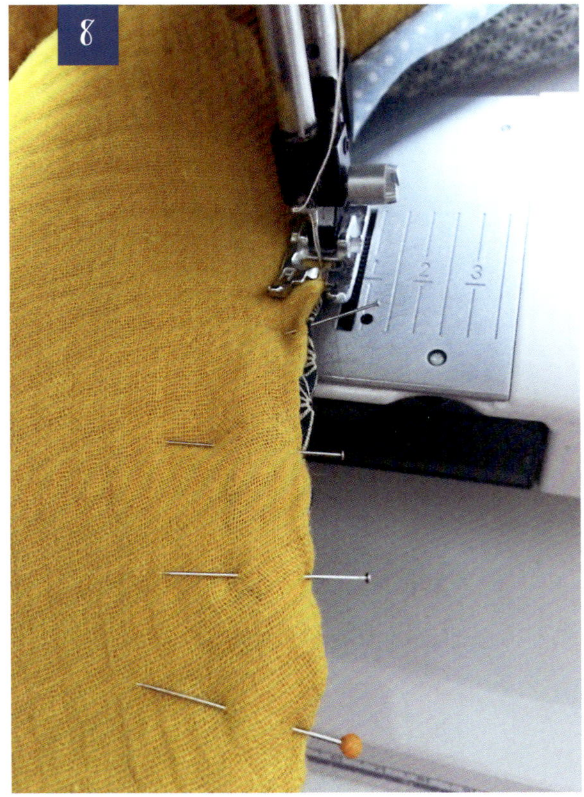

6 So sieht das Ergebnis aus. Stopfe nun die Wände des Nestchens gut und gleichmäßig mit Füllwatte aus.

7 Schlage die Nahtzugabe an der Innenkante der Wandzipfel und der Bodenkante des Nestchens nach innen ein. Stecke die Öffnungen zu. Schneide nun Schrägband in der Länge der Bodenkante plus 4 cm zu, klappe es komplett auf und schlage die Enden um je 2 cm ein. Stecke das Schrägband an die Bodenkante des Babynestchens: Zuerst steckst du es rechts auf rechts kantenbündig an die Oberseite und nähst es knapp innerhalb der ersten Faltkante fest. Dann klappst du das Schrägband um die Bodenkante des Babynestchens herum, schlägst die noch freie Faltkante nach innen ein und nähst das Band entlang der Rückseite der ersten Naht an der Unterseite des Babynestchens an.

8 Nähe nun die noch offene Kante der Wandzipfel dicht an der Kante entlang mit einem Geradstich zu.

9 Ziehe die Kordel mithilfe einer Sicherheitsnadel durch den Tunnel entlang der Oberkante des Babynestchens. Binde ihre Enden zu einer Schleife zusammen.

10 Fertige nun nach der Grundanleitung auf Seite 8 aus dem blauen Strickgarn zwei Pompons an und nähe sie an die Enden der Kordel. Fertig ist das gemütliche und gut transportable Babynestchen!

z z z

Wolkenkissen

Auf Wolke 7 ins Traumland zu schweben, ist mit diesen einfach zu nähenden Kissen überhaupt kein Problem.

Größe

- kleines Kissen: 30 x 18 cm
- großes Kissen (Variante 1): 38 x 22 cm
- großes Kissen (Variante 2): 35 x 25 cm

Material für 6 Kissen

- 50 cm Baumwolljersey, bedruckt in Weiß mit Wolken in Türkis und Regenbogen
- 50 cm Baumwolljersey, bedruckt in Türkis-Weiß gestreift
- Füllwatte
- Nähgarn in Weiß

Alle Stoffmengenangaben beziehen sich auf eine Stoffbreite von 140 cm.

Nähmaschinenstiche

- Geradstich

Zuschnitt (Schnittmusterbogen 2)

AUS WOLKENSTOFF (OBERSTOFF 1)

2x Wolkenkissen klein gegengleich
2x Wolkenkissen groß (Variante 1) gegengleich
2x Wolkenkissen groß (Variante 2) gegengleich

AUS STREIFENSTOFF (OBERSTOFF 2)

2x Wolkenkissen klein gegengleich
2x Wolkenkissen groß (Variante 1) gegengleich
2x Wolkenkissen groß (Variante 2) gegengleich

An allen Kanten 0,75 cm Nahtzugabe hinzufügen.

So geht's

1 Lege jeweils zwei gegengleiche Zuschnitte aus dem gleichen Stoff rechts auf rechts aufeinander. Stecke die Kanten aufeinander und nähe sie füßchenbreit rundum zusammen. Das heißt, du fährst mit der Kante des Nähfußes genau an der Stoffkante entlang. Dabei lässt du an der Unterkante der Wolke ca. 10 cm offen, die brauchst du später als Wendeöffnung und zum Füllen.

2 Schneide die Nahtzugabe an den nach innen gerichteten Ecken je einmal bis knapp vor die Naht ein. An den nach außen gerichteten Rundungen kannst du mehrere kleine Dreiecke aus der Nahtzugabe herausschneiden, dann legt sie sich später glatt ins Kissen. Gib acht, dass du dabei die Naht nicht verletzt.

3 Wende das Kissen durch die Wendeöffnung und drücke alle Rundungen und Ecken bis zur Naht nach außen; dabei kannst du eine Stricknadel oder Ähnliches zu Hilfe nehmen. Bügle dann die Nähte glatt aus.

4 Stopfe das Kissen mit Füllwatte. Es sollte gut gefüllt, aber nicht zu prall werden. Nun kannst du die Wendeöffnung mit Handstichen schließen. Dafür eignet sich z. B. der Matratzenstich, der auf Seite 11 beschrieben ist.

Pucksack

Schneller einschlafen dank Pucksack – und das verträumte Design hilft natürlich noch dabei.

Größe

- ca. 55 x 37 cm

Material

- 50 cm Baumwolljersey, bedruckt in Weiß mit Wolken in Türkis und Regenbogen
- 50 cm Baumwolljersey, bedruckt in Türkis-Weiß gestreift
- Nähgarn in Weiß oder Türkis

Alle Stoffmengenangaben beziehen sich auf eine Stoffbreite von 140 cm.

Nähmaschinenstiche

- Geradstich
- Versäuberungsstich (Overlockstich oder Zickzackstich)
- elastischer Stich (z. B. Drei-Step-Zickzackstich oder Zickzackstich)

Zuschnitt (Schnittmusterbogen 2)

AUS WOLKENSTOFF (OBERSTOFF 1)

1x Pucksack (Vorderteil)

AUS STREIFENSTOFF (OBESTOFF 2)

1x Pucksack (Rückteil)
Bund: 42 x 18 cm + Nahtzugabe

An allen Kanten 0,75 cm Nahtzugabe hinzufügen.

So geht's

1 Lege Vorder- und Rückseite rechts auf rechts aufeinander, stecke die Kanten aufeinander und nähe den Pucksack entlang der Rundung füßchenbreit zusammen. Versäubere anschließend die Nahtzugabe mit einem Versäuberungsstich (am besten ein Overlockstich, sonst Zickzackstich, je nachdem, was deine Maschine kann).

2 Falte den Bund rechts auf rechts, sodass die beiden Schmalseiten aufeinanderliegen, und nähe diese zusammen. Falte ihn anschließend in der Höhe links auf links zur Hälfte. Teile den Bund der Länge nach in Viertel und markiere diese; markiere auch am Pucksack an der Öffnung die Viertel (die Seitennähte und jeweils die Seitenmitte).

3 Schiebe dann den Bund so über den Pucksack, dass die offenen Kanten aufeinanderliegen und die Viertel-Markierungen aufeinandertreffen. Stecke nun zuerst die Viertelpunkte, dann den Rest des Bunds am Pucksack fest, dazu musst du den Bund etwas dehnen. Nähe den Bund gleichmäßig gedehnt mit einem elastischen Stich (z. B. Step-Zickzackstich) an.

4 Versäubere die Nahtzugabe des Bunds mit Versäuberungsstich und klappe ihn hoch, sodass die Nahtzugabe innen liegt. Den Pucksack bügeln – fertig!

z z z

Wolkenmobile

Nach den Wolken greifen – das süße Mobile verschönert jedes Babyzimmer und ist ein geniales Geschenk.

Größe

- Wolke (Variante 1): ca. 13 x 8 cm
- Wolke (Variante 2): ca. 14 x 8 cm

Material

- Baumwolljersey, bedruckt in Weiß mit Wolken in Türkis und Regenbogen, Reste
- Baumwolljersey, bedruckt in Türkis-Weiß gestreift, Reste
- Füllwatte
- 20 Holzperlen, 2 cm Ø
- Strickgarn in Gelb für Pompon, Rest
- Nähgarn in Weiß
- dünne Schnur in Weiß
- passender Holzstab

Alle Stoffmengenangaben beziehen sich auf eine Stoffbreite von 140 cm.

Nähmaschinenstiche

- Geradstich

Zuschnitt (Schnittmusterbogen 2)

AUS WOLKENSTOFF (OBERSTOFF 1)

2x Wolke (Variante 1) gegengleich
2x Wolke (Variante 2) gegengleich

AUS STREIFENSTOFF (OBERSTOFF 2)

2x Wolke (Variante 1) gegengleich
2x Wolke (Variante 2) gegengleich

An allen Kanten 0,75 cm Nahtzugabe hinzufügen.

So geht's

1. Lege jeweils zwei gegengleiche Zuschnitte rechts auf rechts aufeinander, stecke und nähe sie füßchenbreit zusammen. Lass dabei eine Wendeöffnung von 5 cm. Auf diese Weise nähst du vier kleine Wolken.

2. Schneide die Nahtzugabe ein: An den nach außen gerichteten Kurven kleine Dreiecke herausschneiden, an den nach innen gerichteten Ecken je einen geraden Schnitt bis kurz vor die Naht setzen. Wende die Wolken, drücke die Rundungen gut heraus und bügle die Nähte.

3. Nun stopfst du die Wolken mit Füllwatte aus. Dann kannst du die Nahtzugabe an der Wendeöffnung nach innen schieben und die Öffnung mit einem Handstich schließen, z. B. mit dem Matratzenstich (siehe Seite 11).

4. Fertige aus dem gelben Garn einen Pompon als Sonne. Wie das geht, steht auf Seite 8 beschrieben. Binde die Mitte des Pompons mit der dünnen Schnur ab und lasse sie in der gewünschten Länge stehen.

5. Fädle die dünne Schnur in eine Handnähnadel ein und stich damit in der oberen Mitte durch eine Wolke. Probiere aus, ob die Wolke gerade hängt; wenn nein, korrigiere die Schnurposition, wenn ja, kannst du die Schnur festknoten. Fädle fünf Holzperlen auf die Schnur und schneide sie dann in der gewünschten Länge ab.

6. Binde die vier Wolken und die Pompon-Sonne in der gewünschten Höhe an den Holzstab. Ein längeres Schnurstück wird an beide Enden des Stabs gebunden, daran kannst du das Mobile aufhängen.

Wimpelkette

Die schnell genähte Kette macht sich super über dem Babybettchen, kann aber auch ganz einfach an die Wand gehängt werden.

Größe

- je Dreieck: 18 x 18 cm

Material

- 50 cm Baumwolljersey, bedruckt in Weiß mit Wolken in Türkis und Regenbogen, oder Reste
- 50 cm Baumwolljersey, bedruckt in Türkis-Weiß gestreift, oder Reste
- Nähgarn in Weiß oder Türkis
- Baumwoll-Strickgarn in passendem Türkiston, Reste
- 3 m Webband mit bunten Sternen, 1,5 cm breit

Alle Stoffmengenangaben beziehen sich auf eine Stoffbreite von 140 cm.

Nähmaschinenstiche

- Geradstich

Zuschnitt (Schnittmusterbogen 2)

AUS WOLKENSTOFF (OBERSTOFF 1)

8x Wimpel (oder gerade Anzahl nach Belieben)

AUS STREIFENSTOFF (OBERSTOFF 2)

8x Wimpel (oder gerade Anzahl nach Belieben)

An allen Kanten 0,75 cm Nahtzugabe hinzufügen.

So geht's

1 Lege je zwei Schnitteile aus dem gleichen Stoff rechts auf rechts aufeinander, stecke und nähe sie füßchenbreit zusammen. Dabei lässt du die Oberkante offen. Schneide die Nahtzugabe an der Spitze bis kurz vor die Naht ein, wende die Dreiecke und bügle sie aus.

2 Fertige für jedes Dreieck eine Quaste aus dem türkisen Baumwollgarn. Wie das geht, findest du auf Seite 9 im Grundlagenteil. Nähe die Quasten fest an die Spitzen der Dreiecke.

3 Lege die Wimpel mit etwas Abstand mit der Oberkante auf das Webband; dabei wechselst du mit den Farben immer ab. Steppe nun die Wimpel ans Webband. Fertig!

TIPP:

Für diese Wimpelkette kannst du alle möglichen Stoffreste aufbrauchen. Je mehr verschiedene Stoffe, desto bunter wird die Wimpelkette.

Greifling

Diese Schnecke zieht sehr gern ins Babyzimmer ein.
Ein klassischer Geifling in niedlicher Form.

Größe

- ca. 21 x 16 cm

Material

- 25 x 50 cm Nickistoff in Hellblau
- Nickistoffe in Rosa, Hellgelb und Hellgrün, jeweils Reste
- Sticktwist in Schwarz, Rest
- Strickgarn in Hellgrün und Rosa, Reste
- Füllwatte
- passendes Nähgarn

Nähmaschinenstiche

- Geradstich

Zuschnitt (Schnittmusterbogen 1)

AUS NICKISTOFF IN HELLBLAU (OBERSTOFF)

1x Schneckenhaus
1x Schneckenhaus Kreissegment
2x Schneckenkopf gegengleich

AUS NICKISTOFF IN ROSA, HELLGELB UND HELLGRÜN

je 1x Schneckenhaus Kreissegment

An allen Kanten 0,75 cm Nahtzugabe hinzufügen. Zeichne für das Schneckenhaus den Innenkreis laut Schnittmuster auf die Rückseite des Stoffs, schneide es jedoch noch nicht heraus.

So geht's

1. Nähe die vier bunten Kreissegmente jeweils rechts auf rechts passend aneinander und bügle die Nahtzugaben auseinander.

2. Dann nähe das Kopf-Vorderteil an den zusammengesetzten Kreis und das Kopf-Rückteil an den einfarbigen Kreis. Bügle jeweils die Nahtzugaben auseinander.

3. Lege Vorder- und Rückteil rechts auf rechts aufeinander und stecke sie fest. Nähe sie nun zunächst entlang des Innenkreises zusammen. Schneide den Innenkreis mit einer Stoffschere aus, in ca. 0,75 cm Abstand zur Naht. Schneide nun diese Nahtzugabe mit kleinen senkrechten Knipsen ein.

4. Jetzt sind die Außenrundung und der Kopf dran. Nähe sie füßchenbreit zusammen, lass dabei in der Rundung oberhalb des Kopfs eine Wendeöffnung von 5 cm. Schneide in die Nahtzugabe entlang der Rundung dreieckige Knipse und in die Ecke beim Kopfansatz einen Einschnitt bis kurz vor die Naht.

5. Nun kannst du die Schnecke durch die Wendeöffnung wenden. Es bildet sich ein Schlauch, durch den du die Schnecke nach und nach ziehst. Schiebe den Kopf mit einer Stricknadel oder einem schmalen Lineal heraus.

6 Fülle die Schnecke mit Füllwatte und verschließe die Öffnung mit einem Handstich, z. B. dem auf Seite 11 beschriebenen Matratzenstich.

7 Fertige aus dem Strickgarn kleine Pompons als Fühler, wie auf Seite 8 beschrieben, und nähe sie fest an. Zuletzt stickst du mit dem schwarzen Sticktwist kleine Kreuzstiche (siehe Seite 11) als Augen auf – fertig!

Krabbeldecke

Zum Rumkugeln – und der Hingucker ist das eingearbeitete Farbverlaufsgarn.

Größe

- ca. 120 x 80 cm

Material

- 90 cm Nickistoff in Hellblau
- 90 cm Nickistoff in Hellgrau
- 90 cm Volumenvlies (3 cm dick)
- Baumwoll-Strickgarn oder Kordel mit Farbverlauf
- Strickgarn in Hellgrün und Rosa, Reste
- Sticktwist in Schwarz, Rest
- Füllwatte
- Nähgarn in Hellblau

Die Mengenangaben für den Nickistoff beziehen sich auf eine Stoffbreite von 140 cm, die Mengenangabe für das Volumenvlies auf eine Stoffbreite von 90 cm.

Nähmaschinenstiche

- Geradstich
- Zickzackstich

Zuschnitt (Schnittmusterbogen 2)

AUS NICKI IN HELLBLAU (OBERSTOFF 1)

1x Kreis: 80 cm Ø
1x Schneckenkopf
1x Schneckenschwanz

AUS NICKI IN HELLGRAU (OBERSTOFF 2)

1x Kreis: 80 cm Ø
1x Schneckenkopf gegengleich
1x Schneckenschwanz gegengleich

AUS VOLUMENVLIES

1x Kreis: 80 cm Ø

An allen Kanten 0,75 cm Nahtzugabe hinzufügen.

So geht's

1

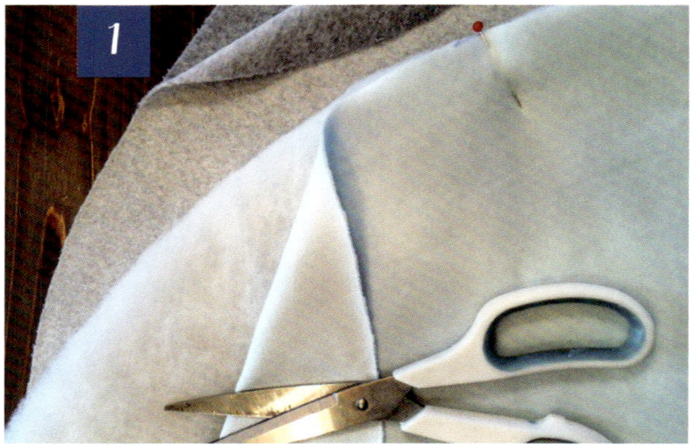

4

2

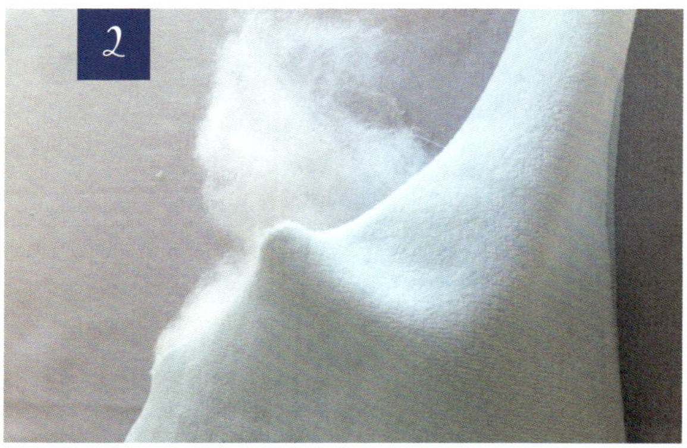

5

1 Nähe das Volumenvlies mit Geradstich ringsum auf die linke Stoffseite des hellblauen Kreises.

2 Lege bei Kopf und Schwanz der Schnecke jeweils Vorder- und Rückteil rechts auf rechts aufeinander und nähe sie entlang der Außenkante zusammen. Die Seite, die später zum Schneckenhaus hinzeigt, lässt du erst mal offen. Schneide die Nahtzugaben entlang der Außenrundungen mit kleinen Dreiecken ein. Wende Kopf und Schwanz der Schnecke und stopfe sie mit etwas Füllwatte aus.

3 Lege den Kopf und den Schwanz der Schnecke auf die rechte Stoffseite eines der Kreise. Um die richtige Position herauszufinden, legst du sie erst mal so, wie sie am Schluss liegen werden; dann klappst du sie innen auf den Kreis und steckst die Nahtzugaben sorgfältig aufeinander.

4 Jetzt kannst du den zweiten Kreis rechts auf rechts auf den ersten legen. Stecke und nähe sie ringsum zusammen; dabei erfasst du Kopf und Schwanz mit und ziehst nach und nach die Stecknadeln heraus. Lass an der Unterkante der Schnecke, zwischen Kopf und Schwanz, eine Wendeöffnung von ca. 20 cm. Schneide die Nahtzugaben an den Außenrundungen mit kleinen Dreiecken ein.

5 Wende die Schnecke durch die Wendeöffnung, dabei schiebst du auch Kopf und Schwanz heraus. Bügle die Nähte glatt und verschließe die Wendeöffnung mit einem Handstich, beispielsweise dem Matratzenstich, der auf Seite 11 beschrieben wird.

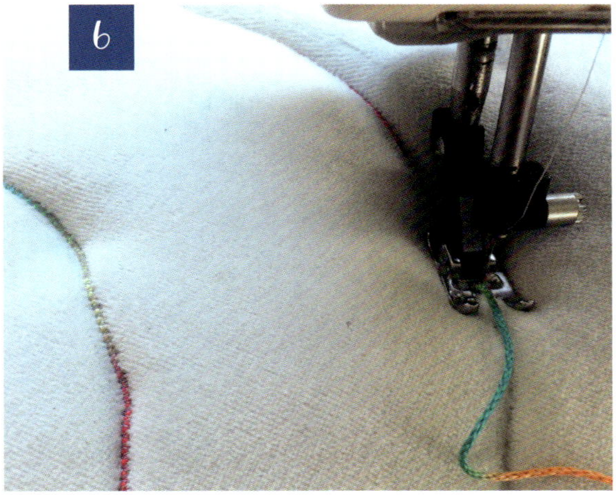

6 Zeichne mit Schneiderkreide oder Magic Marker eine Spirale auf das runde Schneckenhaus. Lege das Farbverlaufsgarn entlang der Spirale auf die Schnecke. Befestige es mit einem Zickzackstich, der auf beiden Seiten des Garns in den Stoff sticht. Vernähe Anfang und Ende besonders sorgfältig.

7 Fertige aus dem hellgrünen und rosafarbenen Garn jeweils einen kleinen Pompon, wie es auf Seite 8 beschrieben ist, und nähe sie als Fühler fest an den Kopf der Schnecke. Nun kannst du noch mit dem schwarzen Stickgarn ein Auge mit Kreuzstich aufsticken (siehe Seite 11). Fertig!

zzz

Wärmekissen

Mit Dinkelspelz gefüllt, ist dieses Wärmekissen einfach nur zum Knuddeln. Warme Füßchen garantiert.

Größe

- ca. 25 x 20 cm

Material

- ca. 30 x 50 cm Baumwollmussellin in Blau
- Frotteestoff in Orange, Rest
- ca. 30 cm Webband mit Elefantenmotiv
- 1 Druckknopf (Color Snap) in Schwarz, 12,4 mm Ø
- Druckknopfwerkzeug bzw. -zange
- Einfassband in Orange-kariert oder ähnlich, Rest
- Stickvlies
- Bügeleinlage
- passendes Nähgarn
- ca. 100 g Dinkelspelz zum Befüllen

Nähmaschinenstiche

- Geradstich
- enger Zickzackstich

Zuschnitt (Schnittmusterbogen 1)

AUS BAUMWOLLMUSSELIN (OBERSTOFF 1)

2x Elefant gegengleich

AUS FROTTEESTOFF (OBERSTOFF 2)

1x Elefantenohr

Das Elefantenohr wird ohne Nahtzugabe zugeschnitten. An allen übrigen Kanten 0,75 cm Nahtzugabe hinzufügen.

dkröte rettete ihn vor dem
n.
ch auf meinen Rücken«, sagte sie.
un erzähl mir, warum du ins Wasser
ngen bist.«
zählte Winzig der Schildkröte alles,
er über sich wusste. Und das war sehr
nig.

So geht's

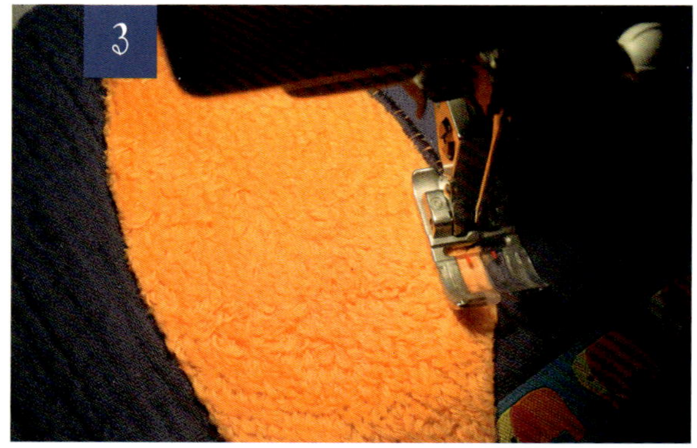

1. Schneide aus dem Webband zwei Stücke zu: Einmal in der Länge von der Position des Ohrs nach hinten bis zur Stoffkante, einmal ca. 5 cm für eine Schlaufe. Falte das kurze Stück zur Schlaufe und stecke sie, nach innen zeigend, am Hinterbein des Elefanten fest.

2. Steppe das längere Band dem Foto entsprechend mit Geradstich dicht entlang beiden Kanten auf den blauen Stoff.

3. Bügle das Bügelvlies auf dem Elefantenohr auf. Platziere dann das Ohr mit der Vliesseite nach unten auf der rechten Stoffseite des Elefantenkörpers, sodass es das Ende des Webbands etwas überlagert. Lege Stickvlies unter den Stoff. Stecke das Ohr fest und nähe es mit einem sehr eng eingestellten Zickzackstich (siehe Applikationen auf Seite 10) an.

4. Nun kannst du auf der Rückseite das überstehende Stickvlies abreißen oder -schneiden.

5. Verstärke die Position des Auges auf der linken Stoffseite mit einem kleinen Stückchen Bügelvlies. Stanze das Loch für den Druckknopf ein und befestige diesen, wie in der Packungsbeschreibung angegeben.

6. Das karierte Einfassband ist schon vorgefaltet. Nähe seine offene Kante knappkantig (= dicht am Stoffrand) zusammen. Schlage dann eine der kurzen Kanten um ca. 0,5 cm nach innen ein und nähe sie ebenfalls zu. Stecke das Band, nach innen zeigend, mit seiner offenen Kante als Schwanz hinten an den Elefanten.

7. Nun kannst du die Rückseite des Elefanten rechts auf rechts auf die Vorderseite legen und die Kanten zusammenstecken. Nähe den Elefanten ringsum zusammen, achte dabei besonders darauf, den Schwanz und die Schlaufe gut zu befestigen. Lass an der Bauchunterseite eine Wendeöffnung.

8 Schneide die Nahtzugaben ein. Dazu schneidest du an den nach innen gerichteten Ecken je einen senkrechten Einschnitt bis kurz vor die Naht. An den nach außen gerichteten Ecken schneidest du die überschüssige Nahtzugabe schräg ab, und an den nach außen gerichteten Rundungen schneidest du mehrere kleine Dreiecke aus.

9 Wende den Elefanten. Arbeite alle Ecken mit einer Stricknadel vorsichtig heraus. Nun kannst du den Elefanten mit Dinkelspelz füllen – du brauchst etwa 100 g. Mithilfe einer leeren Klorolle lässt sich der Spelz leichter einfüllen.

10 Schließe nun noch die Wendeöffnung mit einem Handstich, zum Beispiel dem auf Seite 11 beschriebenen Matratzenstich – fertig!

TIPP:

Das Dinkelkissen kann bei etwa 50 °C im Ofen erwärmt werden. Für Babys mit Bauchkrämpfen oder kalten Füßen ist die sanfte Wärme sehr angenehm.

Igel-Babyschuhe

Tierische Pantoffeln für kleine Füßchen – aus kuscheligem Fleece und mit den süßesten Stoffresten.

Größe

- Fußlänge: ca. 12 cm

Material

- 40 x 20 cm Fleecestoff in Türkis mit Punkten (Oberstoff)
- 40 x 20 cm Baumwollstoff in Türkis mit Igelmotiv (Futterstoff)
- 40 x 20 cm Baumwollstoff in Weiß mit Igelmotiv
- Baumwollstoff in Rosa-Weiß kariert, Rest
- 20 x 20 cm Volumenvlies (1 cm dick)
- 32 cm Gummiband (2x 16 cm), 0,5 cm breit
- Sticktwist in Dunkelgrau, Rest
- Strickgarn in Grau für Pompons, Rest
- passendes Nähgarn

Achtung: In den Schnittmustern für die Igel-Babyschuhe ist die Nahtzugabe von 0,75 cm bereits enthalten und muss nicht mehr hinzugefügt werden.

Nähmaschinenstiche

- Geradstich
- elastischer Stich (z. B. Drei-Step-Zickzackstich)

Zuschnitt (Schnittmusterbogen 1)

AUS FLEECESTOFF (OBERSTOFF 1)

4x Fußteil (ohne Schuhspitze), je 2x gegengleich

AUS BAUMWOLLSTOFF IN TÜRKIS MIT IGELMOTIV (FUTTERSTOFF)

4x Fußteil (mit Schuhspitze), je 2x gegengleich

AUS BAUMWOLLSTOFF IN WEISS MIT IGELMOTIV (OBERSTOFF 2)

4x Sohle, je 2x gegengleich

AUS BAUMWOLLSTOFF IN ROSA-WEISS KARIERT (OBERSTOFF 3)

4x Schuhspitze, je 2x gegengleich

AUS VOLUMENVLIES

2x Sohle gegengleich

So geht's

1. Schneide alle Teile zu und übertrage die Markierungen aus dem Schnittmuster auf die linke Stoffseite.

2. Lege jeweils ein passendes Fußspitzenteil rechts auf rechts auf die Vorderkante eines Fußteils aus Oberstoff. Achte dabei darauf, rechte und linke Seiten nicht zu vermischen. Die Rundung muss nach oben zeigen. Stecke die Vorderkanten zusammen und nähe die Fußspitzen mit Geradstich an.

3. Bügle die Nahtzugaben auseinander.

4. Nun nähst du die beiden zusammengesetzten Fußteile zusammen. Lege sie dazu rechts auf rechts, stecke sie entlang der gerundeten Oberkante (= der vorderen Mitte) zusammen und nähe sie mit Geradstich. Schneide anschließend die Nahtzugabe entlang der Rundung in regelmäßigen Abständen bis kurz vor die Naht mit kleinen Dreiecken ein.

5. Stecke das Gummiband entsprechend der Markierungen auf die Oberschuhe und nähe es mit einem elastischen Stich an. Dabei dehnst du das Gummiband, nicht aber den Stoff.

6. Wenn das Gummiband befestigt ist, kannst du die Oberschuhe rechts auf rechts falten und die hintere Mitte zusammenstecken und nähen. Bügle dann die Nahtzugaben auseinander.

7. Stecke und nähe eine Sohle aus Volumenvlies auf die linke Seite der Schuhsohle. Dann steckst du die Schuhsohle mit der Stoffseite nach oben rechts auf rechts unter das Schuh-Oberteil. Nähe sie ringsum sorgfältig mit Geradstich fest. Da du hier viele dicke Lagen hast, nähe am besten langsam.

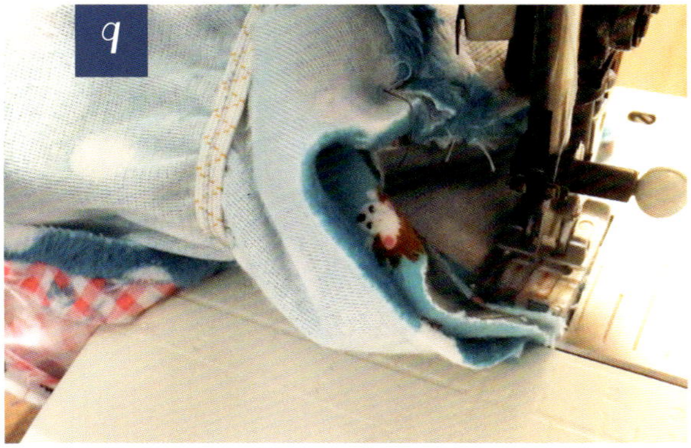

8 Nun kommt der Futterschuh an die Reihe. Lege und stecke zwei gegengleiche Seitenteile aus Futterstoff aufeinander und nähe sie entlang der vorderen und hinteren Mitte aufeinander. Bügle die Nahtzugaben auseinander. Dann steckst du eine Sohle rechts auf rechts unter das Oberteil und nähst sie an. Lass dabei eine Wendeöffnung von ca. 5 cm.

9 Wende den Futterschuh auf rechts und stecke ihn rechts auf rechts in den Oberschuh, der ja noch auf links gewendet ist. Richte ihn sorgfältig aus. Dann steckst du die beiden Oberkanten zusammen und nähst sie aneinander.

10 Wende den Schuh durch die Wendeöffnung. Nun hast du zwei aneinanderhängende, auf rechts gewendete Schuhe. Schließe nun mit einem Handstich (z. B. Matrazenstich, Seite 11) die Wendeöffnung im Futter. Dann kannst du den Futterschuh in den Oberschuh stülpen.

11 Arbeite den zweiten Schuh genauso.

12 Fertige aus dem grauen Strickgarn zwei kleine Pompons und nähe sie als Nasen fest an die Schuhspitzen. Mit dem Sticktwist stickst du mit Knötchenstich Augen auf. Fertig sind die supersüßen Igelschuhe!

Waschlappen

Der lustige Frosch sorgt beim Waschen für gute Laune.
Schaumbäder mag er besonders gern.

Größe

- 23 x 13 cm

Material

- 30 x 30 cm Baumwoll-Frotteestoff in Grün
- Nickistoff in Weiß, Rest
- 40 cm Baumwollschrägband in Grün-Weiß gepunktet
- 2 Druckknöpfe (Color Snaps) in Schwarz, 12,4 cm Ø
- Druckknopfwerkzeug bzw. -zange
- Sticktwist in Schwarz, Rest
- Nähgarn in Grün

Nähmaschinenstiche

- Geradstich

Zuschnitt (Schnittmusterbogen 1)

AUS FROTTEESTOFF IN GRÜN (OBERSTOFF)

2x Waschlappen gegengleich

AUS NICKISTOFF IN WEISS

je 2x Augen gegengleich

An allen Kanten 0,75 cm Nahtzugabe hinzufügen.

So geht's

1

3

1 Lege je zwei gegengleiche Augen rechts auf rechts aufeinander, stecke sie zusammen und nähe sie entlang der gerundeten Oberkante zusammen. Die Unterkante bleibt offen. Schneide die Nahtzugabe entlang der Rundung mit kleinen Dreiecken ein. Wende die Augen und bügle sie.

2 Stecke beide Augen, wie auf dem Schnittmuster eingezeichnet, auf die rechte Stoffseite an die obere Rundung des Vorderteils des Waschlappens. Die Stoffkanten liegen dabei aufeinander, und die Augen zeigen zum Vorderteil. Nähe anschließend beide Augen am Vorderteil fest.

3 Stecke nun Vorder- und Rückteil des Waschlappens rechts auf rechts aufeinander und nähe sie an den Seiten und der gerundeten Oberkante zusammen. Dabei beginnst und endest du etwas oberhalb der Unterkante. Klappe das vorgefertigte Schrägband um die Unterkante und nähe es knappkantig fest.

4 Schneide dann nochmals ca. 5 cm Schrägband ab und nähe seine offene Kante längs zusammen. Falte es zur Schlaufe und schiebe sie an der Unterkante zwischen die beiden Waschlappenteile, Schlaufe nach innen. Nun kannst du die noch offenen Stücke der Seitenkanten schließen und dabei die Schlaufe festnähen. Wende den Waschlappen.

5 Zuletzt stanzt du noch die Druckknöpfe als Pupillen in die Augen ein und stickst den Mund mit Kettstichen entsprechend der Vorlage auf dem Schnittmusterbogen auf. Fertig!

TIPP:

Quak, quak!
Mit dem Froschduo aus Waschlappen und Handtuch kann man den Badespaß doppelt genießen.

Babyhandtuch

Mit Kapuze, lustigem Froschgesicht und aus kuschelweichem Frottee ist Baby nach dem Badespaß gut aufgehoben.

Größe

- ca. 78 x 78 cm

Material

- 85 cm Frotteestoff in Grün
- Frotteestoff in Hellblau, 40 x 40 cm
- Nickistoff in Weiß, Rest
- 2,20 m Schrägband in Grün-Weiß gepunktet
- 40 x 40 cm Vliesofix
- Stickvlies
- 2 Druckknöpfe (Color Snaps) in Schwarz, 12,4 mm Ø
- Druckknopfwerkzeug bzw. -zange
- Sticktwist in Schwarz, Rest
- Nähgarn in Grün

Die Stoffmengenangabe für den Frotteestoff in Grün bezieht sich auf eine Stoffbreite von 140 cm.

Nähmaschinenstiche

- Geradstich
- enger Zickzackstich
- längerer Zickzackstich

Zuschnitt (Schnittmusterbogen 1)

AUS FROTTEESTOFF IN GRÜN (OBERSTOFF 1)

1x Handtuch: 80 x 80 cm

1x Froschgesicht (Halbkreis)

AUS FROTTEESTOFF IN HELLBLAU (OBERSTOFF 2)

1x Kapuze

AUS NICKISTOFF IN WEISS

4x Augen, je 2x gegengleich

AUS VLIESOFIX

1x Froschgesicht (Halbkreis)

Das Froschgesicht wird ohne Nahtzugabe zugeschnitten. An allen übrigen Kanten 0,75 cm Nahtzugabe hinzufügen.

So geht's

1. Bügle das Vliesofix (doppelseitiges Klebevlies) auf die Rückseite des grünen Froschgesichts auf, dabei legst du am besten ein Geschirrtuch oder Ähnliches zwischen Bügeleisen und Vlies. Ziehe dann das Papier ab, platziere das Gesicht mit dem Vliesofix nach unten auf der rechten Seite der dreieckigen Kapuze, wie auf dem Schnittmuster abgebildet, und bügle es auf.

2. Lege Stickvlies auf die Rückseite der Kapuze. Dann nähst du das Gesicht rundherum mit einem eng eingestellten Zickzackstich fest. Fasse nun die lange Kante der Kapuze mit Schrägband ein.

3. Lege jeweils zwei gegengleiche Augenteile rechts auf rechts aufeinander, stecke sie zusammen und nähe sie entlang der oberen Rundung. Die Nahtzugabe schneidest du an der Rundung ein und wendest dann die Augen.

4. Platziere die Augen, wie eingezeichnet, auf der linken Seite der Kapuze, kantenbündig und zum Stoff hin zeigend, und nähe sie fest. Jetzt kannst du die Druckknöpfe als Pupillen gemäß Packungsanleitung auf den Augen befestigen, ihre Oberseite zeigt von der Kapuze weg.

5 Fasse die Seitenkanten des Tuchs mit Schrägband ein, wie auf Seite 50 beschrieben. An einer Ecke lässt du entlang jeder Seite knapp 40 cm ohne Schrägband, hier kommt später die Kapuze hin. Diese Kanten versäuberst du mit einem weit eingestellten Zickzackstich.

6 Dann legst du die Kapuze rechts auf rechts auf die Handtuch-Ecke ohne Schrägband, steckst und nähst sie entlang der beiden Kanten fest. Klappe nun die Kapuze auf die rechte Seite. Steppe die Naht, mit der du die Kapuze angenäht hast, von der rechten Stoffseite mit Geradstich knappkantig ab.

7 Zuletzt stickst du noch mit Kettstich (siehe Grundanleitungsteil Seite 11) den Froschmund auf die Kapuze. Fertig!

Schmusetuch

Verschiedene Stoffe zum Fühlen, verknotete Beinchen und ein weicher Körper – perfekt für Babyhände.

Größe

- 39 x 34 cm

Material

- 40 x 30 cm Nickistoff in Weiß
- 30 x 30 cm Jerseystoff in Hellgrau-Weiß gestreift
- 30 x 20 cm Jerseystoff in Schwarz
- Jerseystoff in Gelb, Rest
- 1 m Webband mit Pinguinen; für Flügel, Beine, Körper und 5 cm für Schlaufe
- Vliesofix
- Stickvlies
- Füllwatte
- 1 Druckknopf (Color Snap) in Schwarz, 12,4 mm Ø
- Druckknopfwerkzeug bzw. -zange
- passendes Nähgarn

Nähmaschinenstiche

- Geradstich

Zuschnitt (Schnittmusterbogen 2)

AUS NICKISTOFF IN WEISS (OBERSTOFF 1)

1x Körper
1x Kopf innen
2x Flügel gegengleich
2x Bein gegengleich

AUS JERSEY IN GRAU-WEISS GESTREIFT (OBERSTOFF 2)

1x Körper

AUS JERSEY IN SCHWARZ

2x Kopf gegengleich
2x Flügel gegengleich
2x Bein gegengleich

AUS JERSEY IN GELB

1x Schnabel

AUS VLIESOFIX

1x Kopf innen

Das innere Kopfteil des Pinguins wird ohne Nahtzugabe zugeschnitten. An allen übrigen Kanten 0,75 cm Nahtzugabe hinzufügen.

So geht's

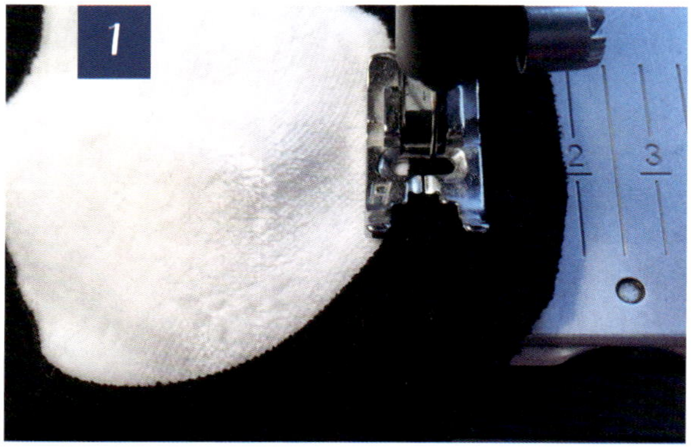

1. Bügle das Vliesofix auf die Rückseite des weißen Pinguingesichts. Dann ziehst du das Papier vom Vliesofix ab und bügelst das Pinguingesicht mit der linken Seite nach unten auf die rechte Seite des schwarzen Pinguinkopfs. Nähe es dann ringsum auf.

2. Nun legst du Stickvlies als Verstärkung unter und stanzt den Druckknopf als Auge ein, wie es auf der Packung der Druckknöpfe beschrieben ist.

3. Für den Schnabel schneidest du den gelben Stoffkreis bis zur Mitte ein und schiebst beide Seiten der Schnittkante zusammen, sodass ein Kegel entsteht, diesen drückst du platt und bügelst ihn. Dann legst du den Schnabel an der passenden Stelle auf die rechte Seite des Pinguingesichts, nach innen zeigend, Faltnaht nach oben, und steppst ihn fest.

4. Lege die beiden schwarzen Kopfteile rechts auf rechts aufeinander und stecke sie fest. Nähe sie ringsum zusammen, dabei erfasst du auch den Schnabel mit. Nur der Hals bleibt unten offen.

5. Schneide die Nahtzugabe ringsum mit kleinen Dreiecken ein. Dann wendest du den Kopf durch die Halsöffnung und stopfst ihn mit Füllwatte aus.

6. Für die Flügel und Beine nähe zunächst die Webbänder auf den weißen Nickistoff auf, und zwar jeweils längs in der Mitte auf die rechte Stoffseite, eng an beiden Kanten des Webbands entlang.

7. Dann legst und steckst du weißen Nickistoff rechts auf rechts auf das entsprechende schwarze Teil. Nähe sie jeweils U-förmig an beiden Längskanten und einer Schmalseite zusammen. Die letzte Seite bleibt offen. Schneide an den Ecken die Nahtzugabe schräg ab und wende die Flügel und Beine.

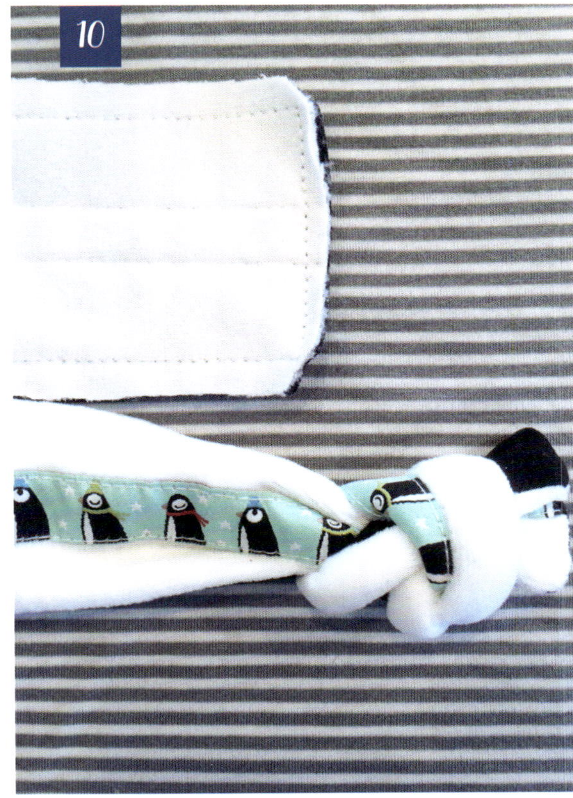

8 Nähe das Webband im unteren Bereich quer auf die rechte Stoffseite des weißen Pinguinkörpers auf. Aus dem letzten Stück Webband (ca. 5 cm) faltest du eine Schlaufe und steppst sie seitlich, nach innen zeigend, auf den weißen Körper.

9 Nun platzierst du Kopf, Flügel und Beine, nach innen zeigend, an den passenden Stellen auf dem Pinguinkörper. Lege die Rückseite aus gestreiftem Jersey rechts auf rechts darauf, stecke alles ringsum gut fest und nähe den Pinguin zusammen. Dabei lässt du unten eine kleine Wendeöffnung.

10 Wende den Pinguin und schließe die Wendeöffnung mit Handstichen. Gut eignet sich dafür der auf Seite 11 beschriebene Matratzenstich. Zuletzt machst du Knoten unten in die Beine, das gibt die Füße. Fertig!

z z z

Kuschelkatze

Dieser Vierbeiner aus verschiedenen Stoffen bewacht das Babyzimmer oder kommt zum Kuscheln vorbei.

Größe

- 30 x 26 cm

Material

- Baumwollmusselin in Rosa, 40 x 20 cm
- Strickstoff in Gelb, 40 x 30 cm
- 3 verschiedene Stoffreste (hier: Musselin in Blau, Baumwollwebstoff gemustert und Nickistoff in Weiß)
- Sticktwist in Dunkelgrau und Rosa, Reste
- Vliesofix
- Stickvlies
- Füllwatte
- passendes Nähgarn

Nähmaschinenstiche

- Geradstich
- enger Zickzackstich

Zuschnitt (Schnittmusterbogen 1)

AUS MUSSELIN IN ROSA (OBERSTOFF 1)

2x Kopf gegengleich

AUS STRICKSTOFF IN GELB (OBERSTOFF 2)

2x Körper gegengleich

AUS MUSSELIN IN BLAU

2x Schwanzspitze gegengleich

AUS BAUMWOLLWEBSTOFF GEMUSTERT

1x Bauchfleck

AUS NICKISTOFF IN WEISS

je 1x Augen

AUS VLIESOFIX

je 1x Augen gegengleich
1x Bauchfleck

Die Augen und der Bauchfleck werden ohne Nahtzugabe zugeschnitten. An allen übrigen Kanten 0,75 cm Nahtzugabe hinzufügen.

So geht's

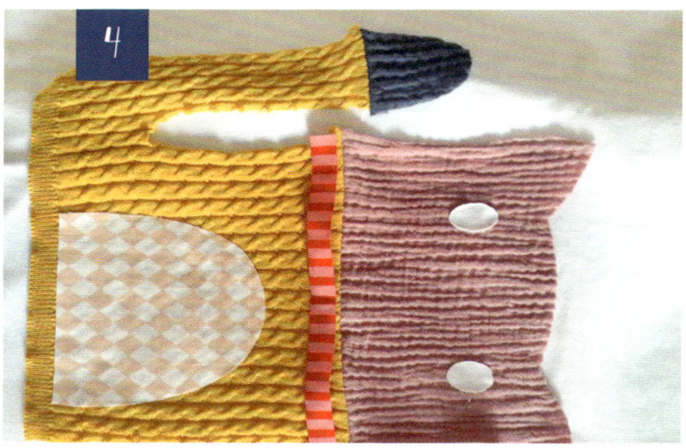

1. Bügle das Vliesofix auf die Rückseite des Bauchflecks auf, ziehe das Papier ab und bügle den Bauchfleck auf die rechte Seite der Katzen-Vorderseite. Die Rundung des Bauchflecks zeigt dabei nach oben. Nähe den Bauchfleck ringsum mit einem engen Zickzackstich fest und lege dabei Stickvlies unter.

2. Stecke und nähe die Schwanzspitzen jeweils bei einem Körperteil rechts auf rechts mit Geradstich an den Katzenschwanz.

3. Bügle Vliesofix auf die linke Stoffseite der Augen, dann ziehe das Trägerpapier ab. Platziere die Augen auf dem Kopf, bügle sie auf und nähe sie ringsherum fest – diesmal mit Geradstich, nicht Zickzackstich.

4. Jetzt kannst du die Kopfteile an die Körper nähen. Achte darauf, dass der Kopf mit den Augen an den Bauch mit Bauchfleck kommt.

5. Auf das zusammengesetzte Vorderteil steppst du nun quer das Webband schmalkantig auf.

6. Lege Vorder- und Rückseite der Katze rechts auf rechts aufeinander, stecke sie fest und nähe sie ringsum zusammen. Dabei lässt du eine kleine Öffnung zum Wenden an der Unterkante offen. Schneide die Nahtzugaben an den Rundungen ein: An Außenrundungen mit kleinen Dreiecken, an Innenrundungen mit geraden Einschnitten.

7 Wende die Katze und schiebe insbesondere den Schwanz sorgfältig heraus. Stopfe die Katze mit Füllwatte aus. Dann verschließe die Öffnung mit einem Handstich, zum Beispiel dem Matratzenstich, der auf Seite 11 beschrieben ist.

8 Zuletzt stickst du das Gesicht mit Sticktwist in Dunkelgrau und Rosa auf; verwende dafür Spann-, Heft- und Kettenstiche, wie auf dem Foto zu sehen. Spann- und Kettenstich sind in der Grundanleitung auf Seite 11 beschrieben. Beim Heftstich für die Bäckchen stichst du einfach immer im gleichen Abstand aus und wieder ein.

z z z

Lätzchen

Für Kleckermäulchen – das Lätzchen wird mit der Pilz-Applikation individuell und bunt.

Größe

- 33 x 29 cm

Material

- 40 x 40 cm Baumwollwebstoff in Rosa-Weiß kariert
- Baumwollwebstoff in Rot mit weißen Punkten, Rest
- Baumwollwebstoff in Weiß, kleiner Rest
- ca. 1,5 m Baumwollschrägband in Rosa mit weißen Punkten
- 35 cm Webband in Rosa mit Pilzmotiv; quer übers Lätzchen und 5 cm für Schlaufe (z. B. von Farbenmix)
- Vliesofix
- 1 Druckknopf (Color Snap) in Rot, 12,4 mm Ø
- Druckknopfwerkzeug bzw. -zange

Nähmaschinenstiche

- Geradstich

Zuschnitt (Schnittmusterbogen 1)

AUS BAUMWOLLWEBSTOFF IN ROSA-WEISS KARIERT

2x Lätzchen gegengleich

AUS BAUMWOLLWEBSTOFF IN ROT MIT WEISSEN PUNKTEN

2x Verschluss gegengleich
1x Pilzhut

AUS BAUMWOLLWEBSTOFF IN WEISS

1x Pilzstiel

AUS VLIESOFIX

1x Pilzhut
1x Pilzstiel

Pilzkopf und Pilzstiel werden ohne Nahtzugabe zugeschnitten. An allen übrigen Kanten 0,75 cm Nahtzugabe hinzufügen.

So geht's

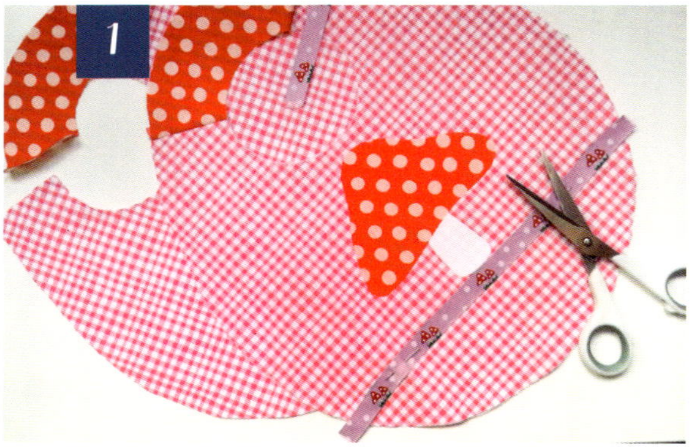

1 Lege auf jedes Lätzchenteil die entsprechende obere Rundung rechts auf rechts. Stecke die Rundung an derjenigen kurzen Seite, die zum Schluss rechts liegen wird, fest und nähe sie an. Bügle die Nahtzugabe in Richtung obere Rundung und steppe sie knappkantig ab.

2 Lege das Webband im unteren Drittel des Lätzchens quer auf die rechte Stoffseite des Vorderteils. Stecke es fest und nähe es rundherum knappkantig an.

3 Bügle das Vliesofix auf die Rückseite von Pilzhut und Pilzstiel; lege dabei ein Geschirrtuch dazwischen. Ziehe das Trägerpapier ab und platziere erst den Pilzstiel so auf der Lätzchen-Vorderseite, dass er auf dem Webband zu stehen scheint, und dann den Pilzhut darauf. Bügle die Applikation auf. Nun kannst du sie mit einem Geradstich dicht an der Kante annähen. Besonders gut sieht es aus, wenn du sie dabei zweimal umrandest.

4 Lege die beiden Lätzchenteile rechts auf rechts aufeinander. Falte das kleine Stück Webband links auf links zur Schlaufe und schiebe sie am Übertritt zwischen die Stofflagen, nach innen zeigend. Der Übertritt ist das offene Ende des karierten Stoffs. Nun nähst du die beiden Lätzchenteile nur an dieser kurzen Kante zusammen und erfasst dabei die Schlaufe mit.

5 Klappe Vorder- und Rückseite des Lätzchens herum, sodass sie nun links auf links liegen. Stecke die beiden Seiten zusammen und nähe sie entlang der äußeren Rundung sowie an der inneren Rundung des Halsausschnitts mit Geradstich zusammen.

6 Am Untertritt (der offenen Kante des Halsteils) schlägst du die Nahtzugabe nach innen um und steppst sie mit Geradstich knappkantig ab.

7 Fasse die äußere runde Kante und den Halsausschnitt ringsum mit dem Schrägband ein. Dazu schiebst du das gefaltete Schrägband über die Kante und nähst es mit Geradstich knappkantig an.

8 Am Anfang und Ende schlägst du jeweils das Schrägband um 2 cm nach innen ein, bevor du es um die Kante des Lätzchens schiebst. Die Falte des Schrägbands soll direkt an der Stoffkante sitzen und wird so angenäht.

9 Zuletzt setzt du noch den Druckknopf ein. Dazu markierst du erst die Position an der Mitte des Untertritts, stanzt dort mit dem mitgelieferten Werkzeug ein Loch und setzt die untere Hälfte des Druckknopfs ein. Nun kannst du den Übertritt darauflegen und andrücken – der Abdruck markiert die Position für die obere Hälfte des Druckknopfs, die du auf dieselbe Weise anbringst.

Wickelunterlage

Die Unterlage in lustiger Katzenform kann zusammengefaltet und überall mitgenommen werden.

Größe

- 70 x 80 cm

Material

- 90 cm Musselin in Rosa
- 90 cm Musselin in Blau
- 90 cm Volumenvlies (1 cm dick)
- 1 m Schrägband in Rosa-Weiß kariert
- 1 m Webband in Rosa-Weiß gestreift
- Sticktwist in Dunkelgrau, Reste
- 3 Holzknöpfe, 2,2 cm Ø
- passendes Nähgarn

Die Stoffmengenangaben beziehen sich auf eine Stoffbreite von 140 cm.

Nähmaschinenstiche

- Geradstich
- Zickzackstich

Zuschnitt (Schnittmusterbogen 1)

AUS MUSSELIN IN ROSA (OBERSTOFF 1)

1x Wickelunterlage im Stoffbruch (Innenseite)

AUS MUSSELIN IN BLAU (OBERSTOFF 2)

1x Wickelunterlage im Stoffbruch (Außenseite)

AUS VOLUMENVLIES

1x Wickelunterlage im Stoffbruch

An allen Kanten 0,75 cm Nahtzugabe hinzufügen.

HELLO

So geht's

1. Lege das Volumenvlies auf die linke Stoffseite des blauen Musselins, stecke und nähe die beiden Lagen ringsum zusammen.

2. Lege und stecke die beiden Musselinstoffe rechts auf rechts aufeinander. Nähe sie mit Geradstich zusammen, dabei lässt du aber die Unterkante offen.

3. Schneide die Nahtzugaben ein: An allen nach außen gerichteten Ecken (den Ohrenspitzen) schneidest du die Nahtzugabe bis knapp vor die Naht schräg ab. An den nach innen gerichteten Ecken setzt du einen Einschnitt in die Ecke. An den nach außen gerichteten Rundungen setzt du mehrere Einschnitte mit etwa 2 cm Abstand, und an den nach innen gerichteten Rundungen schneidest du kleine Dreiecke aus der Nahtzugabe heraus.

4. Wende die Wickelunterlage und arbeite alle Ecken und Rundungen gut heraus. Dann bügle sie aus.

5. Fasse die Unterkante mit dem Schrägstreifen ein. Dazu klappst du ihn auf, faltest die Enden um ca. 1 cm ein und legst den Schrägstreifen rechts auf rechts kantenbündig an die Oberseite der Stoffkante. Nähe ihn knapp unterhalb seiner ersten Faltkante an. Dann schlägst du den Schrägstreifen um die Stoffkante herum, klappst seine noch freie Kante ein und nähst ihn von der Rückseite der Katze auf der gleichen Nahtlinie ebenfalls an.

8

9

6 Auf der blauen Stoffseite steckst und nähst du nun unmittelbar über dem Schrägband das Webband knappkantig fest, dabei schlägst du seine Enden ebenfalls ein. Setze an der Kante zwischen beiden Bändern eine Ziernaht mit Zickzackstich, dabei geht eine Seite des Stichs ins Schrägband und die andere ins Webband.

7 Steppe mit Geradstich die Konturen der Katze ab: Einmal außen herum dicht an der Kante entlang (außer an der Unterkante), dann die Kontur des Katzenkopfs, also die Kinnrundung. Zuletzt setzt du vom Rand des Kopfs senkrecht nach unten jeweils eine Naht, das gibt die Faltkante für die Wickelunterlage.

8 Nähe zwei der Knöpfe als Katzenaugen auf. Mit dem grauen Sticktwist stickst du das Gesicht auf, wie auf dem Foto gezeigt.

9 Häkle eine etwa 5 cm lange Luftmaschenkette und nähe sie oben zwischen den Katzenohren fest an. Falte die Wickelunterlage: Erst die Seiten einschlagen, dann die Unterkante nach oben und dann den Katzenkopf darüber. Markiere dir mit einem auswaschbaren Stift die Stelle, an der die Schlaufe unter ganz leichtem Zug landet, und nähe an dieser Stelle den letzten Knopf an. Fertig!

Windeltasche

So hat man immer alles dabei. Die Windeltasche hat viele praktische Fächer und profitiert vom Mustermix.

Größe

- 28 x 20 cm (geschlossen)

Material

- 50 cm Musselin in Gelb
- 3 verschiedene Baumwollwebstoffe mit grafischen Mustern, Reste: Webstoff mit türkis-weißem Zickzackmuster, Webstoff mit türkis-weißen Rauten, Webstoff gelb-weiß gemustert
- insgesamt 70 cm Webband mit Hundemotiven, 1x 28 cm, 1x 40 cm (z. B. von Farbenmix)
- gewebtes Etikett mit Hundemotiv (z. B. von Farbenmix)
- 42 x 30 cm Volumenvlies
- 1 Druckknopf (Color Snap) in Türkis, 12,4 mm Ø
- passendes Nähgarn

Die Mengenangabe für den gelben Musselin bezieht sich auf eine Stoffbreite von 140 cm.

Nähmaschinenstiche

- Geradstich

Zuschnitt

AUS MUSSELIN IN GELB

2x Windeltasche: 42 x 30 cm
1x Bindeband: 8 x 40 cm

AUS BAUMWOLLWEBSTOFF IN GELB-WEISS GEMUSTERT

1x Tasche: 28 x 18 cm

AUS BAUMWOLLWEBSTOFF MIT TÜRKIS-WEISSEM ZICKZACKMUSTER

1x Tasche: 15 x 13 cm

AUS BAUMWOLLWEBSTOFF MIT TÜRKIS-WEISSEN RAUTEN

1x Tasche: 28 x 18 cm

Das Schema zur Tasche findest du auf Seite 95.

An allen Kanten 0,75 cm Nahtzugabe hinzufügen. Zusätzlich an den oberen Kanten der Taschen (jeweils eine der längeren Kanten) 1,5 cm Saumzugabe hinzufügen.

So geht's

1 Bügle die Saumkanten an den drei Taschen um, zunächst 0,75 cm, dann nochmals 1,5 cm. Steppe den Saum jeweils ab.

2 Stecke das kürzere Stück Webband mit 0,75 cm Abstand zur Saumkante auf die gelb gemusterte Innentasche und nähe es entlang beider Kanten knappkantig an.

3 Stecke die kleinere türkis gemusterte Tasche rechts unten auf die Außenseite der größeren türkis gemusterten Tasche und nähe sie U-förmig an, d. h. entlang beiden Seiten und der Unterkante.

4 Stecke die beiden Innentaschen links auf rechts auf die Futtertasche aus gelbem Musselin, die gesäumten Eingriffe zeigen zur Mitte. Nähe die Innentaschen ringsum U-förmig an. Die gelb gemusterte Tasche unterteilst du noch mit einer senkrechten Naht in der Mitte.

5 Verstärke nun den Oberstoff (den ohne angenähte Taschen) mit dem Volumenvlies, indem du es auf die linke Stoffseite rundum aufnähst. Nähe dann das Etikett an der gewünschten Stelle auf die rechte Stoffseite des verstärkten Oberstoffs.

6 Jetzt kommt das Bindeband an die Reihe. Falte den Stoff dafür einmal längs zur Hälfte und bügle ihn. Dann nähst du das Bindeband entlang der Längskante und einer kurzen Kante zusammen und wendest es mithilfe einer Sicherheitsnadel, an die du einen Faden gebunden hast, oder mit einer Wendenadel.

7 Stecke und nähe das längere Stück Webband mittig auf das Bindeband. Nähe es knappkantig entlang beiden Kanten fest.

8 Setze in der Mitte der geschlossenen Kante des Bindebands die Oberseite des Druckknopfs ein, wie es auf der Druckknopf-Packung beschrieben ist. Das Gegenstück setzt du an der im Schnittmuster markierten Stelle in den Oberstoff ein.

9 Stecke das Bindeband kantenbündig auf die rechte Stoffseite des Futterstoffs, und zwar auf die Mittellinie der türkis gemusterten Innentasche. Das Band zeigt nach innen. Lege nun den Oberstoff rechts auf rechts auf den Innenstoff und nähe die Lagen ringsum mit Geradstich zusammen, dabei erfasst du das Band mit. Lass eine Öffnung von ca. 5 cm.

10 Wende die Windeltasche durch die Wendeöffnung, zieh dabei das Bindeband glatt heraus. Zuletzt schließe die Öffnung mit einem Handstich, z. B. dem Matratzenstich, der auf Seite 11 beschrieben ist.

Babyquilt

Mit vielen Stoffresten kann man diese tolle Decke zaubern.
Mit Initialen versehen, wird sie zum individuellen Geschenk.

Größe

- 56 x 56 cm

Material

- 60 cm Fleecestoff in Türkis mit weißen Punkten
- Stoffreste: 5 verschiedene gemusterte Baumwollwebstoffe, je ca. 16 x 60 cm bzw. die gleiche Menge in kleineren Stücken
- 60 x 60 cm Volumenvlies
- Vliesofix
- Stickvlies
- passendes Nähgarn

Nähmaschinenstiche

- Geradstich
- enger Zickzackstich

Zuschnitt

AUS DEM FLEECESTOFF

1x Quadrat: 60 x 60 cm

AUS DEN STOFFRESTEN

insgesamt 16 Quadrate mit 14 x 14 cm. Eine beliebige Anzahl Quadrate kann durch die doppelte Anzahl Dreiecke oder halbgroße Rechtecke ersetzt werden, wobei an der Teilungskante Nahtzugabe eingerechnet werden muss. Also nicht erst Quadrate zuschneiden und dann halbieren, sondern die Teilung von Anfang an planen. Für meine Einteilung das Schema auf Seite 94 beachten.
Die passenden Buchstaben aus dem Alphabet auswählen (siehe Schnittmusterbogen 1) und für die Applikationen grob zuschneiden.

An allen Kanten 0,75 cm Nahtzugabe hinzufügen. Das Schema zum Quilt findest du auf Seite 94.

BASIC BEAR COLLECTION

So geht's

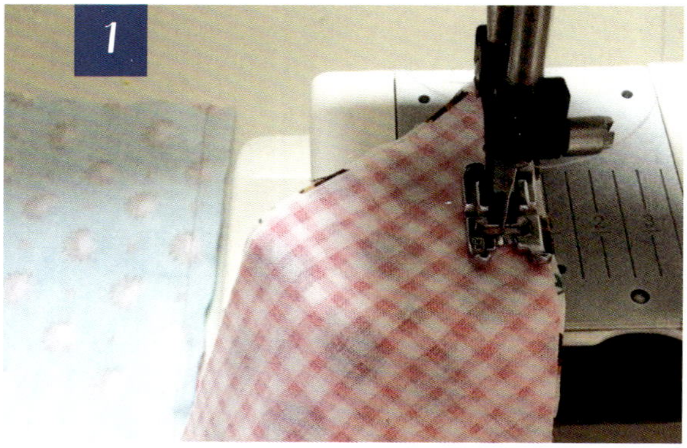

1 Lege jeweils zwei Dreiecke oder Rechtecke aus unterschiedlichen Stoffen rechts auf rechts, stecke sie zusammen und nähe sie an der Teilungsnaht aneinander. Bügle die Nahtzugaben auseinander.

2 Arrangiere die bunten Quadrate so, wie es dir gefällt. Beim Zusammennähen gehe reihenweise vor: Lege immer zwei nebeneinanderliegende Quadrate rechts auf rechts, nähe sie zusammen und bügle die Nahtzugaben auseinander. Wenn du die erste Reihe fertig hast, gehst du die zweite an und so weiter.

3 Jetzt kannst du den Quilt zusammensetzen: Lege die ersten beiden Streifen rechts auf rechts und nähe sie an der Längskante zusammen. Bügle die Nahtzugaben auseinander. Dann nähst du den nächsten Streifen daran und zuletzt den vierten. Bügle den gesamten Quilt noch mal von rechts aus.

4 Zeichne auf das Trägerpapier des Vliesofix die Buchstaben spiegelverkehrt auf und schneide sie grob aus. Lege sie dann auf die grob zugeschnittenen Stoffe für die Applikation und bügle sie auf. Nun kannst du die Buchstaben genau ausschneiden.

5 Ziehe das Trägerpapier ab. Platziere die Buchstaben auf der Vorderseite des Quilts und bügle sie auf.

6 Nähe die Applikationen rundherum mit einem eng eingestellten Zickzackstich fest. Damit sich der Stoff dabei nicht verzieht, legst du ein Stück Stickvlies unter. Nach dem Nähen kann dieses Stickvlies wieder abgerissen werden, es kann aber auch dran bleiben.

7 Lege die zusammengesetzte Quilt-Vorderseite auf das Volumenvlies und stecke sie fest. Schneide das Vlies passend zu und nähe es einmal rundherum an.

8 Lege Vorder- und Rückteil rechts auf rechts aufeinander, stecke sie fest und nähe sie ringsum zusammen. Lass dabei eine Wendeöffnung. Schneide die Ecken der Nahtzugabe schräg ab. Dann wendest du den Quilt, bügelst ihn und schließt die Wendeöffnung mit einem Handstich. Dafür eignet sich beispielsweise der auf Seite 11 beschriebene Matratzenstich.

9 Zuletzt steppe alle inneren Nähte zwischen den Quadraten ab, damit die Lagen gut zusammenhalten.

Spieluhr

Dieser Fischkutter birgt eine Überraschung in seinem Bauch.
Er summt mit der Lieblingsmelodie alle in den Schlaf.

Größe

- 20 x 17 cm

Material

- Baumwollwebstoffe in uni Türkis, Hellblau, Dunkelblau und Rot sowie in Rosa-Weiß-kariert, Reste
- 30 cm Webband mit maritimen Motiven
- Webband in Rot-Pink gestreift, Rest
- Füllwatte
- Vliesofix
- Stickvlies
- 2 eckige Holzperlen, 2 cm Ø
- passendes Nähgarn
- Schnur in Rot-Weiß und in Blau-Weiß
- Spieluhr-Rohling (Melodie nach Wahl)
- passendes Nähgarn

Nähmaschinenstiche

- Geradstich
- Zickzackstich

Zuschnitt (Schnittmusterbogen 2)

AUS BAUMWOLLWEBSTOFF IN TÜRKIS (OBERSTOFF 1)

2x Schiffsrumpf gegengleich

AUS BAUMWOLLWEBSTOFF IN HELLBLAU (OBERSTOFF 2)

2x Kajüte gegengleich

AUS BAUMWOLLWEBSTOFF IN ROT-WEISS KARIERT

2x Dach

AUS BAUMWOLLWEBSTOFF IN DUNKELBLAU

2x Fenster

AUS BAUMWOLLWEBSTOFF IN ROT

1x Herz

Schiffsrumpf, Kajüte und Dach an allen Kanten mit 0,75 cm Nahtzugabe zuschneiden. Die Applikationen für Fenster und Herz jedoch ohne Nahtzugaben zuschneiden.

So geht's

1. Bügle Vliesofix auf die Rückseite des Herzmotivs und der Fenster und ziehe das Papier ab. Bügle die Fenster nebeneinander auf eins der Kajütenteile auf und das Herz auf den Schiffsrumpf.

2. Nähe die Applikationen ringsum mit einem engen Zickzackstich an, dabei legst du Stickvlies unter, damit sich der Stoff nicht verzieht. Nach dem Nähen kannst du das übrige Stickvlies abreißen.

3. Lege und stecke jeweils ein Kajütendach rechts auf rechts an die Oberkante eines Kajütenteils. Nähe das Dach mit einem Geradstich an, klappe es hoch und bügle die Nahtzugaben auseinander.

4. Schneide von dem rot-pink gestreiften Webband ca. 5 cm ab und falte es links auf links zur Schlaufe. Diese Schlaufe steckst du mittig auf die rechte Stoffseite des Kajütendachs an der Kajüte mit den Fenstern, die Schlaufe zeigt dabei zum Stoff hin. Hefte die Schlaufe vorläufig an.

5. Lege das Kajütenteil mit Fenstern rechts auf rechts auf den Bootsrumpf mit Herz, mit etwa 1 cm Abstand zur Hinterkante. Stecke es fest und nähe die beiden Teile zusammen, dann bügle die Nahtzugaben auseinander. Nun noch die zweite Kajüte an den zweiten Bootsrumpf nähen.

6. Lege das Webband mit den maritimen Motiven direkt unter der Kajüte an die Oberkante des Schiffrumpfs mit den Applikationen. Stecke es fest und nähe es knappkantig entlang beider Kanten an.

7. Jetzt kannst du Vorder- und Rückseite aufeinanderlegen, stecken und rundherum mit einem Geradstich zusammennähen. Dabei nähst du auch die Schlaufe am Kajütendach fest. Lass beim Nähen eine Öffnung

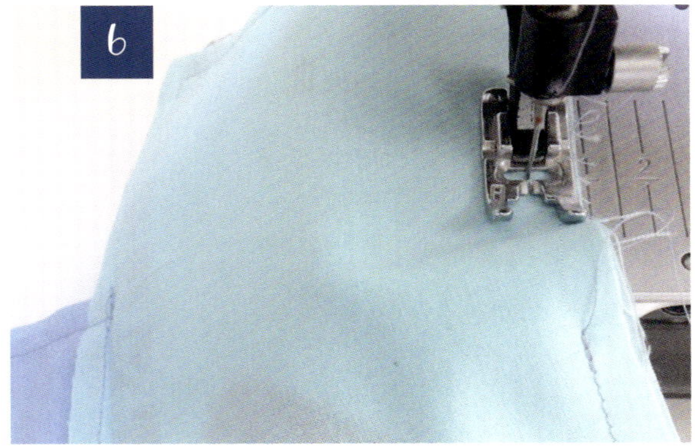

an der Unterkante des Boots, die groß genug ist, dass die Spieluhr gut hindurchpasst.

8 Schneide die Nahtzugaben an allen nach außen gerichteten Ecken schräg zurück. Dann kannst du den Kutter wenden. Arbeite alle Ecken sorgfältig heraus.

9 Bügle den Kutter aus. Stopfe zuerst Füllwatte in die Kajüte und in den vorderen Teil des Schiffsrumpfs. Schiebe dann in den unteren Teil des Rumpfs die Spieluhr und stopfe noch einmal Füllwatte rund herum und darunter, bis der Kutter prall gefüllt ist. Nun kannst du die Öffnung mit einem Handstich (Matratzenstich, Seite 11) schließen, lass dabei aber einen kleinen Spalt für die Kordel der Spieluhr offen. Wenn du willst, kannst du die Kordel durch ein Stück blau-weiße Schnur ersetzen.

10 Schneide von dem gestreiften Webband und dem Webband mit maritimen Motiven Stücke ab und falte sie in der Mitte. Schneide unten Dreiecke heraus, damit eine Wimpelform entsteht. Die Falte am oberen Rand kannst du mit einer kleinen Naht fixieren. Dann nähe die beiden Wimpel an die rot-weiß gestreifte Schnur an und nähe sie zwischen Schiffsbug und Kajüte an den Kutter.

11 Binde unten an die Kordel der Spieluhr eine Holzperle. Durch die Schlaufe oben an der Kajüte fädelst du ein Stück blau-weiße Schnur, schiebst die zweite Holzperle darauf und nutzt diese Schnur als Aufhänger für die schicke Boots-Spieluhr.

Utensilo

Dieses praktische Utensilo mit aufgesticktem Boot einfach an Garderobe oder Bettchen hängen und Ordnung halten.

Größe

- 34 x 35 cm

Material

- ca. 75 cm Baumwollwebstoff in Marineblau, 140 cm breit
- 36 x 36 cm Baumwollwebstoff in Türkis
- ca. 40 cm Webband mit maritimen Motiven
- ca. 1,50 m Webband in Rot-Pink-gestreift
- 70 x 35 cm Volumenvlies
- evtl. Stickvlies
- Nähgarn in Dunkelblau sowie in Weiß
- Kopierstift

Nähmaschinenstiche

- Geradstich

Zuschnitt

AUS BAUMWOLLWEBSTOFF IN MARINEBLAU

1x Utensilo Außenseite: 72 x 35 cm

AUS BAUMWOLLWEBSTOFF IN TÜRKIS

1x Utensilo Innenfutter: 34 x 35 cm

An allen Kanten 0,75 cm Nahtzugabe hinzufügen. Das Schema zum Utensilo findest du auf Seite 95, die Stickvorlage des Boots auf Schnittmusterbogen 1.

Dem lieben Kind
AHOI

So geht's

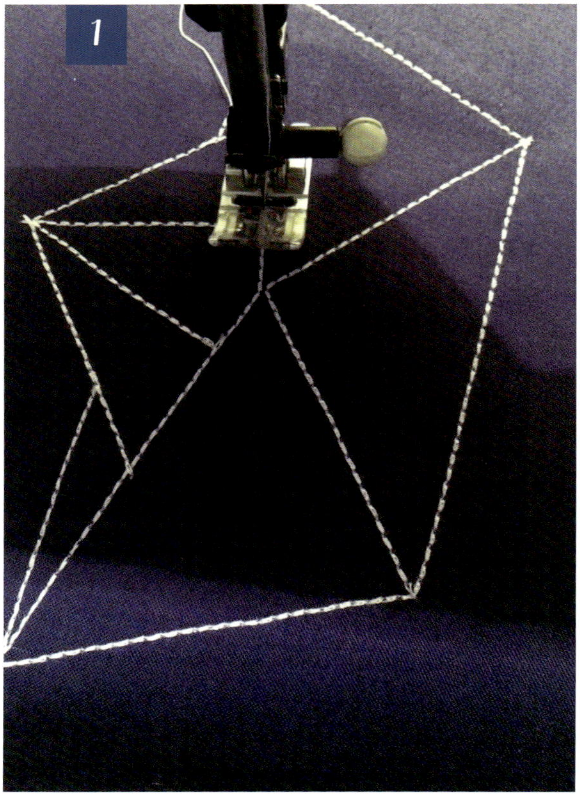

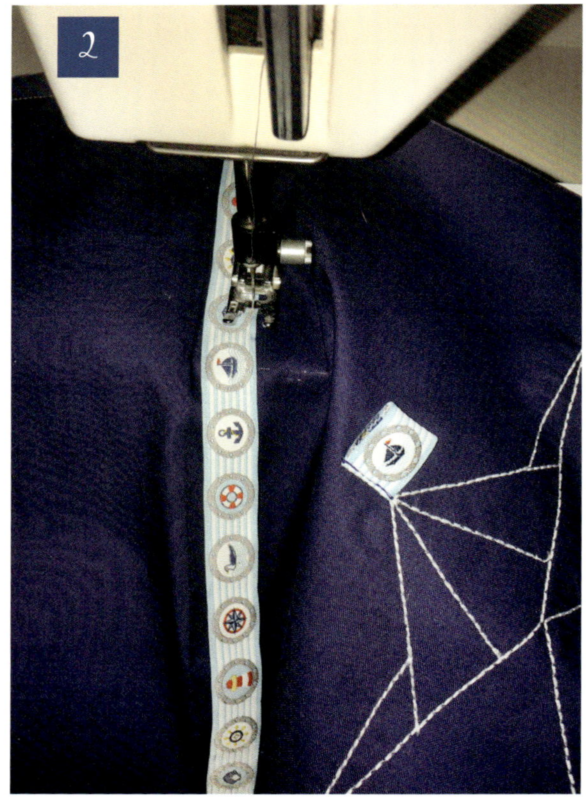

1. Übertrage mit einem auswaschbaren Stift das Bootsmotiv vom Schnittmusterbogen 1 auf den dunkelblauen Baumwollstoff, etwas oberhalb der Faltkante für die Tasche, wie auf dem großen Foto gezeigt. Steppe die Konturen mit dem weißen Garn (oder einer anderen hellen Kontrastfarbe) genau nach. Du kannst dabei etwas Stickvlies unterlegen und es später abschneiden oder abreißen.

2. Nähe ein kleines Stück Webband an der Spitze des gestickten Mastes als Fahne an. An der Oberkante der Tasche nähst du quer über das Utensilo Webband knappkantig entlang beiden Kanter an.

3. Verstärke den nicht bestickten Teil des dunkelblauen Stoffs, wie auf dem Schnittmuster eingezeichnet, auf der Rückseite mit dem Volumenvlies, indem du es rundum annähst.

4. Lege und stecke den türkisen Stoff rechts auf rechts auf den verstärkten Teil des dunkelblauen Stoffs. Nähe sie ringsum mit Geradstich zusammen, dabei lässt du eine Wendöffnung.

5. Schneide die Nahtzugabe an den Ecken schräg ab. Wende den Utensilo, schiebe an der Wendeöffnung die Nahtzugaben nach innen und verschließe sie mit einem Handstich. Dafür eignet sich beispielsweise der auf Seite 11 beschriebene Matratzenstich.

6 Nun klappst du den Utensilo zusammen, sodass eine Tasche entsteht. Der türkise Stoff bildet dabei die Rückseite des Utensilos; der bestickte Teil des blauen Stoffs bildet die Tasche.

7 An der oberen, offenen Kante des Utensilos schlägst du nun den Stoff laut Schema (Seite 95) um und steppst 2 cm doppelt ab, sodass ein Tunnel entsteht.

8 Steppe die Seitennähte der oberen Klappe sowie der Tasche schmalkantig mit dem Kontrastfaden ab (der Tunnel bleibt dabei natürlich offen).

9 Nun steckst du einen dünnen Holzstab durch den Tunnel, knotest das gestreifte Webband links und rechts daran fest und hängst daran das Utensilo auf.

Kissenbezug

Der erste Kissenbezug – so wird er unvergesslich, mit maritimen Applikationen und tollem Webband.

Größe

- ca. 56 x 35 cm oder nach Wunsch

Material

- ein fertiger Kopfkissenbezug (56 x 35 cm oder nach Wunsch)
- Bauwollwebstoffe in uni Hellblau, Türkis, Dunkelblau, Rot sowie in Rot-Weiß kariert und Rot-Weiß gepunktet, Reste
- 70 cm Webband mit maritimen Motiven
- Vliesofix
- Stickvlies
- 3 Druckknöpfe (Color Snaps) in Hellblau und Türkis, 12,4 mm Ø
- Druckknopfwerkzeug bzw. -zange
- passendes Nähgarn

Nähmaschinenstiche

- Geradstich
- enger Zickzackstich

Zuschnitt (Schnittmusterbogen 1)

Alle Applikationsteile seitenverkehrt auf die Papierrückseite des Vliesofix übertragen und grob ausschneiden.

So geht's

1. Bügle die Vliesofix-Teile auf die Rückseiten der Stoffreste auf. Stelle dabei für die zusammengehörigen Teile eines Boots jeweils einen Farben- und Mustermix zusammen, der dir gefällt. Schneide nun die Applikationen ohne Nahtzugabe mit der Stoffschere aus.

2. Trenne die Nähte des Kopfkissenbezugs auf und klappe den Stoff auf, damit du die Applikationen auf die Vorderseite aufnähen kannst, ohne dass dir die Rückseite im Weg ist.

3. Arrangiere die Boote so auf der Kissenvorderseite, wie es dir am besten gefällt, und bügle sie auf. Nun kannst du Stickvlies unterlegen und die einzelnen Teile der Applikation jeweils mit einem engen Zickzackstich umnähen. Den Mast und die Seile steppst du mit Geradstich auf.

4. Schneide zwei kleine Stücke gestreiftes Webband ab und schneide jeweils aus einem Ende ein Dreieck heraus, sodass eine Wimpelform entsteht. Nähe die Wimpel an die Mastspitzen von zwei der Boote.

5 Stanze die Druckknöpfe mit der Zange oder dem mitgelieferten Werkzeug als Bullaugen in die Boote, wie auf dem großen Foto auf Seite 98 zu sehen ist oder wie es dir am besten gefällt.

6 Stecke und nähe das Webband mit maritimem Muster an der Oberkante des Kissenbezugs entlang an. Schlage dazu die Enden des Webbands etwas ein und nähe knappkantig rund um das Webband.

7 Nun kannst du das Stickvlies entfernen (abreißen oder abschneiden). Falte den Kopfkissenbezug rechts auf rechts wieder so zusammen, wie er war, und schließe die Nähte. Einmal wenden – fertig!

Über die Autorin

Elke Reith, Textildesignerin, Stylistin, Autorin und gelernte Schneiderin, ist schon seit sehr vielen Jahren in vielen Zeitschriften sowie Büchern in verschiedenen Verlagen erfolgreich tätig. Sie verwirklicht leidenschaftlich kreative Ideen in allen Techniken zum Selbermachen für Homedeko, Handarbeiten, Textildesign, Accessoires und vieles mehr, Genähtes, Gehäkeltes und Gestricktes und...
Außerdem hat sie eine kleine Kreativ-Werkstatt, um ihre Projekte anzubieten und viele Interessierte zum Selbermachen anzuregen. Sie lebt mit ihrer Familie in einem kleinen Haus in Offenburg, welches mit vielen Eigenkreationen gespickt ist. Beide Kinder sind mittlerweile schon fast erwachsen.

Danksagung

Ein herzliches Dankeschön geht:

- an meinen Fotografen Hermann für die schönen Fotos
- an meine Familie, für ihre große Geduld, da ich immer in einer anderen Welt zu Hause bin.
- an den Verlag Edition Michael Fischer, für die tolle Abwicklung meines Buchprojektes, für das superschöne Layout und überhaupt, dass es dieses Buch geben darf.
- an mein Babymodel Emanuel für das liebe Lächeln in die Kamera.
- an all die Firmen, die mir die Stoffe und Materialien und Requisiten zur Verfügung gestellt haben:
  Rico Design GmbH & Co. KG: rico-design.de
  buttinette Textil-Versandhaus GmbH: buttinette.com
  Frau Tulpe: frautulpe.de
  Farbenmix: farbenmix.de
  Cotton&Color: shop.cotton-color.com
  Schoeller Süßen GmbH: schoeller-wolle.de
  car-Möbel: car-moebel.de
- zuletzt danke ich mir für die unerschöpfliche Ideenflut, die hoffentlich ewig fließt!

Schemata

Schema Babyquilt, Seite 76:

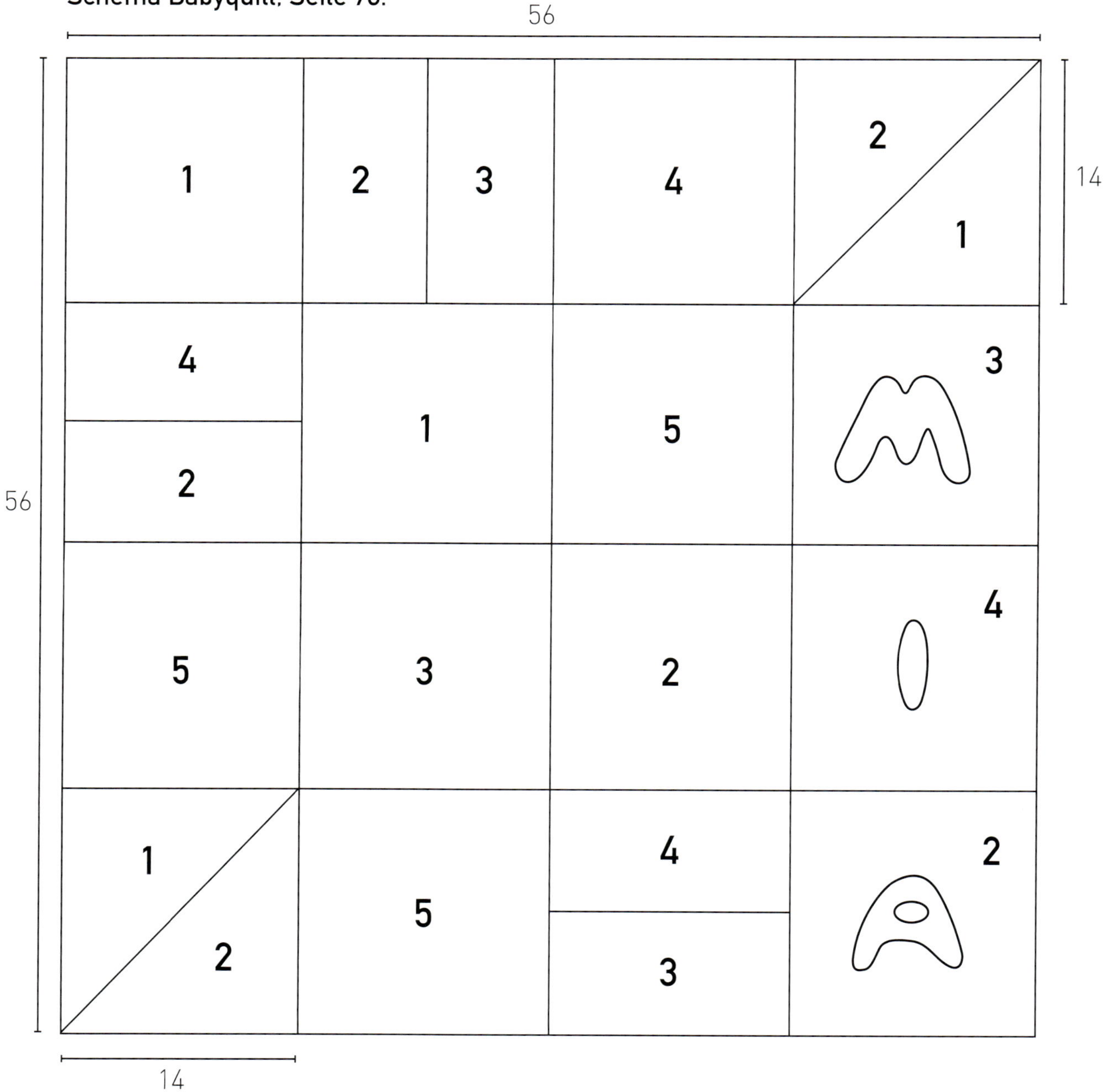

Schema Utensilo, Seite 84:

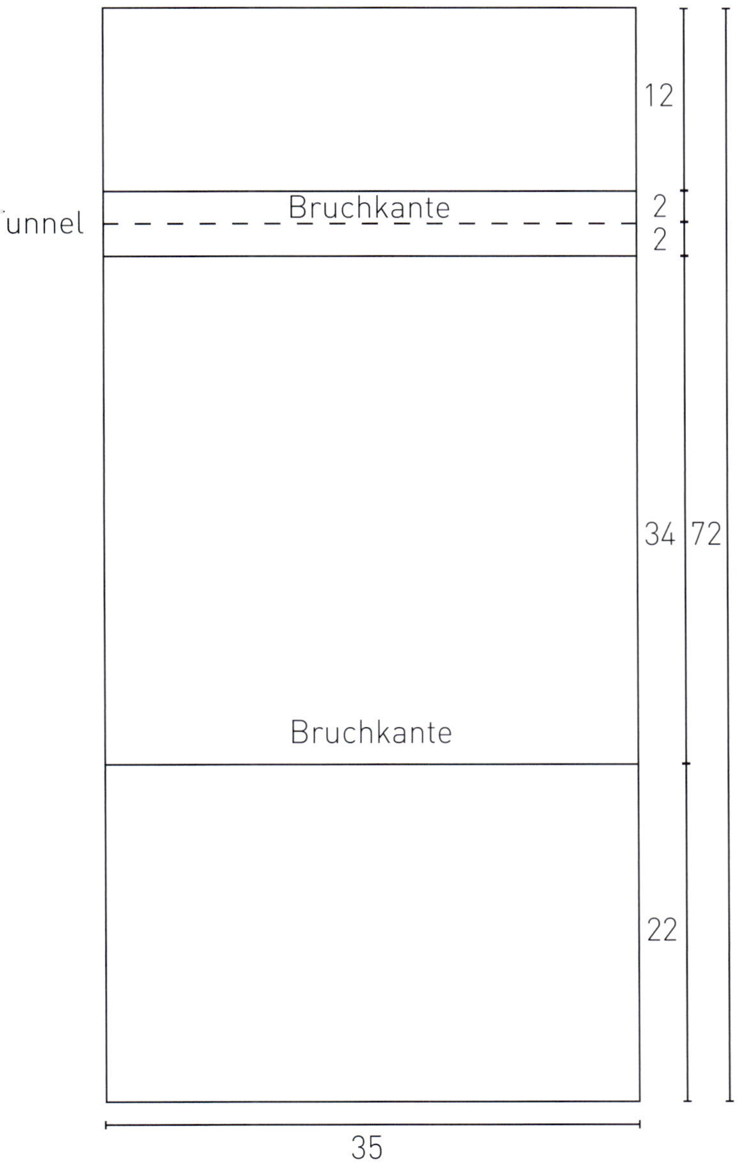

Schema Windeltasche, Seite 72:

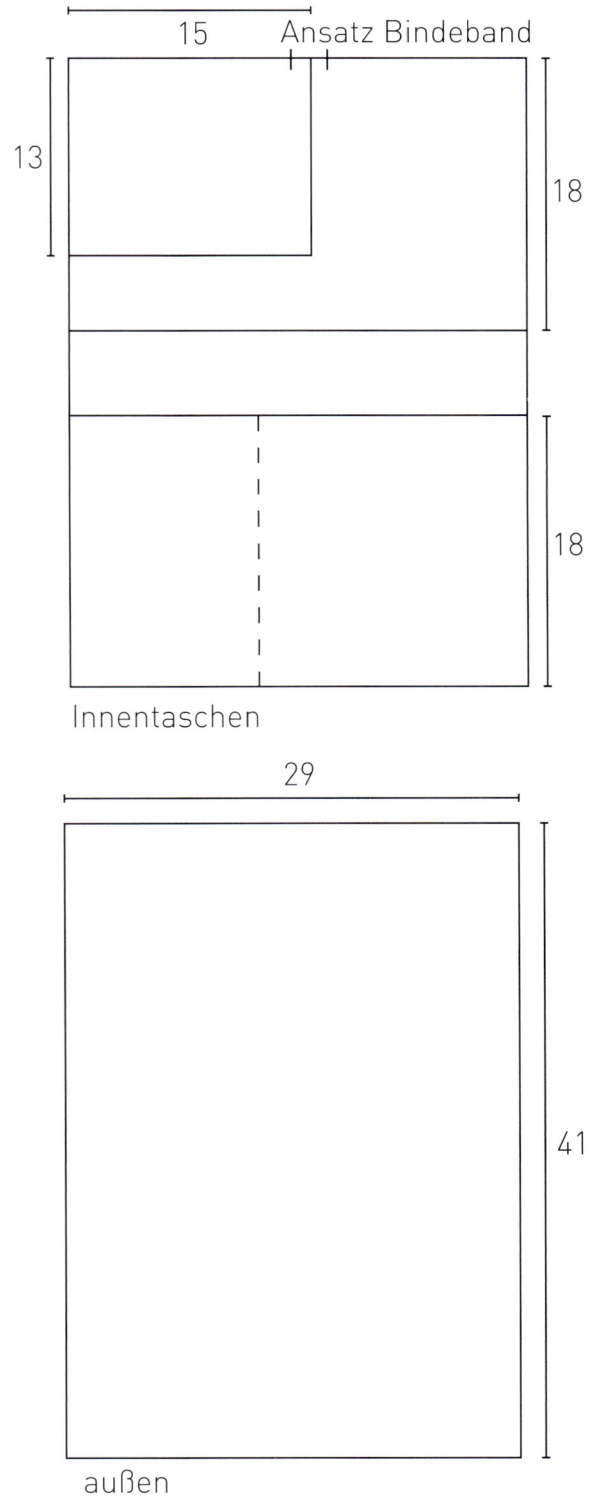

Impressum

Bibliografische Information der Deutschen Bibliothek.

Die Deutsche Bibliothek verzeichnet diese Publikation in der Deutschen Nationalbibliografie.
Detaillierte bibliografische Daten sind im Internet über http://www.dnb.de/ abrufbar.

EIN BUCH DER EDITION MICHAEL FISCHER

1. Auflage 2019

Covergestaltung: Fiona Mohr
Layout: Anna-Maria Köperl
Produktmanagement: Judith Wiedemann
Lektorat: Ute Wielandt
Bilder: Hermann Mareth, Fotostudio 57, Offenburg (Aufmacherbilder); Elke Reith (alle Schrittbilder); Ines Grabner, Berlin (S. 9); Blanca Popp (S. 10), White bear studio/Shutterstock.com (S. 6)
Modellentwürfe und Fotostyling: Elke Reith
Illustrationen: solmariart/Shutterstock.com (Schaf, Mond, Wolken, Sterne, Bären auf Wolken, Bär und Bäume), waihoo/Shutterstock.com (Frosch), Irlandiya/Shutterstock.com (Pilze), Qilli/Shutterstock.com (Katze, Schnecke, kleines Herz, Stern auf Kreis, Seestern), Darisha Design/Shutterstock.com (Anker, Segelboot), Stepova Oksana/Shutterstock.com (Pinguin), Iryna Boiko/Shutterstock.com (Regenbogen), fruestig/Shutterstock.com (Woke mit Sternen- und Herzenanhängern)

ISBN 978-3-96093-259-8

Gedruckt bei Polygraf Print, Čapajevova 44, 08001 Prešov, Slowakei

www.emf-verlag.de

Der Verlag bedankt sich herzlichst für die freundliche Unterstützung bei Rico Design, buttinette, Frau Tulpe, Farbenmix, Cotton&Color, Schoeller Süßen und car-moebel.de.